良い スウェーデン、悪い スウェーデン、

ポスト真実の時代における国家ブランド戦争

ポール・ラパチオリ
鈴木賢志 訳

Good Sweden,
Bad Sweden

The Use and Abuse of Swedish Values in a Post-Truth World

Paul Rapacioli

新評論

不吉な物語

北のほうに、今にも崩壊しそうな国がある。多くの居住区域は、ギャングに支配されてしまっている。通りには黒く焦げた骨組みだけの車が並び、警察は足を踏み入れようともしない。レイプが横行し、女たちは日が暮れてからの外出をためらっている。

この北の国は移民であふれていたが、無神経で愚かな地元民たちは、自らの文化が蝕まれることを食い止めることができず、この国を弱体化させてしまった。将来、ここはヨーロッパにおける内戦の震源地になるだろうという話まである。

クリスマスの灯――そう、彼らはクリスマスの灯をともすことすら禁止されているのだ！

はじめに

大多数の人がスウェーデンという国についてよく知らない。にもかかわらず、彼らが知っていると思い込んでいることは、尋常ではないほどポジティブなものである。この一方的な「良いスウェーデン」の評判は、優秀な技術や民主的な仕組み、そして環境問題への関心の高さなどによって築かれたものである。このような評判のおかげで、スウェーデンは過去五〇年にわたって、貿易や観光、そして外交において非常に「得」をしてきた。

しかし、そのような評判は、今やスウェーデンに関する「オルタナティブな物語」によって疑問が投げかけられている。その疑問とは、近年、スウェーデンが多数の移民を受け入れると決めたことによって発生した「崩壊と危機」といったネガティブな物語である。この「悪いスウェーデンの物語」は、急速に変化するスウェーデン社会における否定しがたい事実に基づいている。ただしそれは、前後の文脈を無視し、誤りと誇張を加えることによって成り立っている。

スウェーデンが地理的に見てどれほど北にあろうが、多くの重要な尺度においてどれほどほかの国々から飛び抜けていようが、誤報やフェイクニュース、フィルターバブル（まるで泡に包まれたようになり、自分が見たくない情報については遮断してしまうこと）、専門家や権力層に対する信頼の崩壊、すなわち「ポスト真実」という言葉にまとめられるような西洋の民主主義に吹き荒れる不安定な影響から逃れることはできない。

この「オルタナティブな物語」は、これらの煩わしい発展によって支えられている。誤報はこの世に情報が生まれたときから存在しているし、スウェーデンにおいてもそれは同じである。しかし今日では、スウェーデンの信頼を損ねようとする人々に対して、インターネットのニュースサイト（本物であれ偽物であれ）やソーシャルメディアといった新しい強力な武器が与えられている。さらに、信頼度が低下したメディアやニュースシェアの心理、ニュース産業の経済性が加わって、このような人々が活動しやすい環境までが生まれている。

それだけではない。「オルタナティブな物語」が広まるためには、それに対応した「既存の物語」がなければならない。この二つの物語が対照的であればあるほど劇的な効果は大きくなり、衝撃も大きくなる。たとえば、汚れて散らかった家の床を泥だらけの靴で踏みつけたところで誰も文句を言わないだろうが、ピカピカに磨かれた高級な床の上で同じことをやれば非常にまずい感じがするし、人々も話題にすることだろう。

スウェーデンに関する「既存の物語」は、信じられないほどの成功の話である。この国は、人類の発展にかかわる国際比較のランキングにおいて上位にいることに慣れすぎているためか、ＯＥＣＤ（経済協力開発機構）のＰＩＳＡ教育ランキングが下がるといったつまずきが起こると、すぐに国家の一大事となってしまう［参考文献1参照］。

イケアやボルボ、スポティファイ（Spotify・音楽配信業）などの世界的に知られたスウェーデン企業は、革新性やデザイン、価値観、持続可能性といったポジティブな要素に結びついている。おそらく、スウェーデンのブランドとしてもっとも有名な「ABBA《アバ》」（ポピュラー音楽のグループ。ニシン好きの人々は水産会社を思い起こすかもしれないが）は、「きれい」「森」「環境」「美しい」といった概念とともに、いまだに多くの人々がスウェーデンと結びつけている。

以下で述べるように、「既存の物語」の性格と、それが「オルタナティブな物語」とどのくらい密接にかかわっているかが「悪いスウェーデン」における訴求力《そきゅうりょく》のカギとなる。ゆがんだほうのスウェーデンでは、車が焼かれるほか、警察は暴動鎮圧用の装備に身を固めており、移民の若者たちが暴れ狂っている。これらの様相は、水辺、赤いコテージ、ヘラジカといった大多数の人々が抱いているスウェーデンの典型的なイメージとはまったく異なったものとなっている。このギャップが、直ちに「悪いスウェーデン」を力づけてしまうのだ。

しかしながら「悪いスウェーデンの物語」は、通常の場合、何らかの正しい事実に基づいて筋立てがされている。たしかに、スウェーデンでは車が燃え、警察は暴動鎮圧用の装備に身を固めているし、軽んじられて怒った若者たちは金髪碧眼《きんぱつへきがん》ではなかった。こうしたことが、この物語に信憑性を与えているのだ。哲学者が真実の性質についていかなる議論をしようとも、ことニュースにおいては文脈で真実が決まる。文脈の欠如は物語を誤ったものにはしないが、その真実を大きく損ねることになる。

ここにはいくつかの要素が働いているが、そのうち三つはスウェーデンに直接関係しているものである。

第一に、国際的なメディアにおいては、多くの人々がスウェーデンを一〇〇〇万の人々が住む多層的な社会というよりも、いまだに楽園であるかのように、よく調べもしないまま神話化してしまっている。

第二に、理想郷ではないものの、実際スウェーデンはさまざまな国際的尺度において非常に成功している。

第三に、スウェーデンは非常に進歩的な価値観を鮮やかに体現しているため、そうした価値観に反対する人々から標的にされている。

これら三つの要素が組み合わさってスウェーデンのイメージが外国にもたらされているわけだが、その衝撃の与え方はスウェーデン特有のものとなっている。

そこで、考えるべき第四の要素を述べておこう。ソーシャルメディアやニュースの心理、メディア産業の経済性といった情報の拡散にかかわる今日の状況が、スウェーデンの価値観を弱めようとしている人々にとっては有利に働いているということである。

私がジェームス・サヴェージ（James Savage）と二〇〇四年に設立した会社である〈ザ・ローカル（The Local）〉は、スウェーデンに関する記事をこれまでに約四万本発表し、世界中にいる七五〇〇万人以上の読者に

〈ザ・ローカル〉が入居しているビル（撮影：松本秀久）

配信してきた。悪いことが起これば ニュースとして伝えるが、その際には必ず前後の文脈を加えて、スウェーデンについて公平で、バランスの取れたイメージを提示してきたつもりである。

我々の仕事は、スウェーデンの出来事を見たまま伝えることであり、スウェーデンのイメージを外国に広めたり、そのイメージを守ったりすることではない。そのようなことは、政府や外交、観光、あるいはスウェーデンに関するさまざまな国際ビジネスで働く人々の仕事である。

ところが近年、一部の国際的なメディアにおいてスウェーデンに関するネガティブなニュースが大量に伝えられており、我々ですら知らないような国の姿が描かれている。断っておくが、我々は取り上げているほかのすべての国々と同様、スウェーデンにはさまざまな問題があることを知っている。〈ザ・ローカル〉は、スウェーデンで起こった暴動、ギャングの暴力、殺人、レイプ、汚職スキャンダル、政治的危機などについて、ほかの誰よりも早く英語で伝えてきた。

一つの国の姿は、それを構成する物語が何百万と合わさったときに、その国についての複雑かつ完全な理解が生まれるように描かれるものだ。ところが我々は、ほんの少しの物語が都合よく書き換えられ、大きく引き伸ばされ、粗雑かつ単純で誤解を招くようなスウェーデンの姿が描き出されるという様子をこれまで何度も見てきた。

コンピュータから写真を引っ張り出し、それを二〇回ほど拡大処理して、異なる色のピクセル（画素）がスクリーンいっぱいに表示されることになれば、私が何を言いたいのか分かるだろう。デジタル画像の写真は、究極的には異なる色のピクセルの集まりで構成されている。そのいくつかのピクセルの色が変更されてもすぐには気付かないが、知らぬまに全体の印象が変わってしまうということだ。

もちろん、一つの国の見方というものは通り一遍のものではない。その国の評判というのは、その場所に関するさまざまな情報の糸が紡いでいくものであるし、またそうあるべきものだ。それによって情報のチェックが相互にできるし、バランスも取れていく。その過程で、その国の詳しさと理解の水準が高まっていくのである。

ただし、国際的なメディアにおいて、スウェーデンについてのネガティブなニュースが文脈なしに語られて広まっていく様相は、それとはまったく異なっている。「オルタナティブな物語」は、人々がこの国をより良く理解できるようにするためにつくられているわけではないし、この国を攻撃するためのものでもない。それはスウェーデンがある価値観を体現しているがゆえに、スウェーデンを武器として「価値観」というより大きな闘いにおいて利用しているということである。

この闘いにおいては二次的なものとなるが、スウェーデンの国際的な評判というのは、この「物語」を放置してしまったりすれば同国が負うコストは巨額なものとなるだろう。スウェーデンが行う商売にとっても、同国の観光業にとっても、国際的な才能や投資を呼び込もうとしている都市や地域にとっても、そして国際関係を築こうとするスウェーデンの努力にとっても、悪い影響を与えることになる。

革新的な「価値観」をもつことは、悪徳の世界においては明白な弱みとなるというのが常識となっており、海外においてもスウェーデンにおいても、この国には「純真な（innocent）」とか「うぶな（naïve）」という形容詞がしばしば付与されている。

一九八六年、ストックホルムの中心街でオロフ・パルメ（Sven Joachim Olof Palme, 1927～1986）首相が殺害されたときにスウェーデンは純真さを失った、としばしば言われてきた。彼が暗殺者の銃弾に倒れたのは妻と映画を観て帰宅する途中であり、護衛は付いていなかった。

そして、二〇〇三年には、同じく護衛が付いていなかったアンナ・リンド（Ylva Anna

Maria Lindh, 1957~2003）外務大臣が、ストックホルムでもっとも格式の高いNKデパート（Nordiska Kompaniet）で刺殺された。このときにも、スウェーデンは素朴さを失ったと伝えられた。また、二〇一〇年にパルメの殺害現場近くで起こった自爆テロ（死者は本人のみであった）のときも、二〇一七年四月にストックホルムの繁華街にトラックが突っ込んで五人の死者が出たときも同様であった。

このトラック事件のあと、イギリスの新聞〈ガーディアン（The Guardian）〉の論者は、「スウェーデンほど頻繁に『純真さを失った』と言われる国はあまりない」［参考文献2参照］と記している。

しかし、スウェーデンは純真ではないし、これまでも決してそうではなかった。「純真」で「うぶ」な国が、どうして第二次世界大戦をほぼ無傷で逃れ、冷戦の際どい均衡を渡り歩いてこられたというのだろうか。中立を宣言し、西側寄りの思想とソビエト連邦寄りに位置するという地理的な環境のもとでバランスを取ってきたスウェーデンが示したことは、「純真さ」というよりも「ずる賢さ」であった。

事実、一九五七年までに世界第四位の規模となる空軍を構築し［参考文献3参照］、一九六八年までの一五年以上にわたって核兵器計画を推進して［参考文献4参照］、たとえ最悪の事

アンナ・リンド（出典：藤井威『スウェーデン・スペシャル（Ⅲ）』18ページ）

演説中のパルメ（1986）（出典：藤井威『スウェーデン・スペシャル（Ⅰ）』94ページ）

格式の高いＮＫデパート（撮影：松本秀久）

態が起こっても屈するつもりがないことを示してきた。

スウェーデンは純真なわけではなく、自己満足に浸ってきただけである。国防について言えば、この自己満足が過去一〇年における軍事力の大幅削減という結果になっている〔参考文献5参照〕。また、バルト海における安全保障環境の悪化は、唐突で迅速な武力への再投資と徴兵制の再構築、そして戦略的な重要拠点であるゴットランド島への部隊常駐という警鐘となった〔参考文献6参照〕。

スウェーデンは、自国に対する評判についても自己満足に浸ってきた。本書『良いスウェーデン、悪いスウェーデン』は、スウェーデンの素晴らしい評判を当然のものとして考えてきたスウェーデン企業や政府の人々に対する警告の書である。そのような評判を、あなた方から奪おうとするだけの力が本書にはある。本書を読むことで、今や評判をめぐるゲームのルールは、自分たちにとっては有利に働かないということをあなた方が理解することを私は願っている。

世界がアイスホッケーをやっているときに、フロアボール（北欧発祥のミニホッケー）を続けることはできない。そんなことをしていると、ケガをしてしまうということを知ろう。

訳者からのお断り

本書は、スウェーデンが世界でどのように報道されているかについて書かれたものであるため、みなさんがあまりよく知らない新聞社や通信社がたくさん登場します。分かりやすくするためにそれらを〈　〉でくくり、初出においてはスペルを記しました。その一覧を左記に掲載しましたので参照してください。なお、ページ数は初出を表します。

もし、よりリアルな報道に関心のある方は、これらのホームページに直接アクセスしたり、巻末に掲載した「参考資料・文献一覧」を調べてみてください。

〈ザ・ローカル（The Local）〉著者が経営するニュース配信会社　viページ
〈ガーディアン（The Guardian）〉イギリスの左派系新聞　xページ
「SVT（Sveriges Television AB）」スウェーデンの公共放送　5ページ
〈スペイザ（Speisa）〉アメリカ（?）のニュースサイト　6ページ
〈インフォワーズ（Infowars）〉アメリカのウェブサイト　8ページ
〈ブライトバート（Breitbart News Network）〉アメリカの右翼系ニュースサイト　9ページ

〈モーニングニュースUSA（Morbing News USA）〉オーストラリアのニュースサイト　10ページ
〈スノープス（Snopes.com）〉フェイクニュースの取り締まりサイト　11ページ
〈メトロ（metro）〉スウェーデンの無料日刊紙　11ページ
〈ファイナンシャルタイムズ（Financial Times）〉イギリスの経済紙　18ページ
〈ニュー・ステイツマン（New Statesman）〉イギリスの週刊誌　19ページ
「CNBC（Consumer News and Business Channel）〉アメリカのニュース専門局　20ページ
〈ロイター（Reuters）〉イギリスの通信社　20ページ
〈ザ・ウィーク（THE WEEK）〉アメリカの週刊誌　20ページ
〈インディペンデント（The Independent）〉イギリスのオンライン新聞　20ページ
〈エコノミスト誌（The Economist）〉イギリスの週刊新聞　21ページ
〈ミット・イ・ストックホルム（Mitt i Stockholm）〉ストックホルムの地方紙　24ページ
〈スウェーデン－アメリカ歴史学季報〉　33～34ページ
〈タイム（Time）〉アメリカのニュース雑誌　37ページ
〈ダーゲンス・ニュヘテル（Dagens Nyheter）〉スウェーデンの一般紙　39ページ
〈スベンスカ・ダグブラーデット（Svenska Dagbladet）〉スウェーデンの新聞　40ページ
〈フォーブス（Forbes）〉アメリカのビジネス誌　43ページ
〈ワシントン・ポスト（The Washington Post）〉ワシントンの日刊紙　66ページ

〈ル・モンド（Le Monde）〉フランスの新聞　77ページ
〈ラ・レプッブリカ（La Repubblica）〉イタリアの新聞　77ページ
〈アフトンブラーデット（Aftonbladet）〉スウェーデンのタブロイド紙　80ページ
〈デイリーエクスプレス（Daily Express）〉イギリスのタブロイド紙　81ページ
〈デイリーメール（Daily Mail）〉イギリスのタブロイド紙　81ページ
〈ザ・サン（The Sun）〉イギリスのタブロイド紙（日刊）　81ページ
〈デイリー・ミラー（The Daily Mirror）〉イギリスのタブロイド紙（日刊）　82ページ
〈デイリー・テレグラフ（The Daily Telegraph）〉イギリスの一般紙　82ページ
「フォックス・ニュース（FOX News Channel）」アメリカのニュース専門局　91ページ
〈エクスプレッセン（Expressen）〉スウェーデンのタブロイド紙　99ページ
〈アヴピクスラット（Avpixlat）〉スウェーデンの右翼系ニュースサイト。「サムヘルスニット（Samhällsnytt・社会ニュース）」と改名。101ページ
「ロシア・トゥデイ（RT）」ロシアのニュース専門局　102ページ
〈ウォール・ストリート・ジャーナル（The Wall Street Journal: WSJ）〉アメリカの経済新聞　109ページ
〈ニューヨーク・タイムズ〉アメリカの日刊新聞　124ページ
「アルジャジーラ」カタールの衛星放送　143ページ
「ハフィントン・ポスト（The Huffington Post）」アメリカのリベラル系オンラインメディア　148ページ

〈タイムズ〉インドの英字新聞（日刊） 148ページ
〈シドニー・モーニング・ヘラルド（The Sydney Morning Herald）〉オーストラリアの日刊紙 148ページ
〈アッシャルク・アルアウサト（الشرق الأوسط）〉アラブ世界の日刊紙 148ページ
〈ブリーチャー・レポート(Bleacher Report)〉アメリカのスポーツ専門ブログ・プラットフォーム 148ページ
〈ＥＳＰＮ〉アメリカのスポーツチャンネル 148ページ
〈スポーツ・イラストレイテッド（Sports Illustrated）〉アメリカのスポーツ週刊誌 148ページ
〈バズフィード（BuzzFeed）〉アメリカのオンラインメディア 149ページ
〈ル・ソワール（Le Soir）〉ベルギーの新聞 150ページ
〈ハアレツ（Haaretz）〉イスラエルの新聞 150ページ
〈ジ・アトランティック（The Atlantic）〉アメリカの雑誌 150ページ
〈スノープス（Snopes.com）〉アメリカのオンラインサイト 158ページ
〈ファスト・カンパニー（Fast Company）〉アメリカのビジネス誌 158ページ
「メディエコーレン（Mediekollen）」スウェーデンのフェイク・ファクト・チェッカーであるフェイスブックページ 160ページ
〈スプートニク（Спутник）〉ロシアのニュースサイト 178ページ
〈レディット（Reddit）〉アメリカのニュースシェアサイト 181ページ
〈オムニ（Omni）〉スウェーデンのニュースアプリ 181ページ

もくじ

ストックホルムにある「アバ・ザ・ミュージアム」（写真提供：森元誠二）

落書きの多いマルメのバスターミナル（写真提供：河本佳子）

良いスウェーデン、悪いスウェーデン

——ポスト真実の時代における国家ブランド戦争

第1章 クリスマスの灯、暴動、理想郷の崩壊

2014年のクリスマスを飾ったストックホルムのLEDデコレーション（写真提供：森元誠二）

一一月は三〇日しかないが、スウェーデンにおいてはもっとも長く感じる月となる。暗くて小雨がちな日々をやり過ごす唯一の方法は、翌一二月をロウソクの灯で照らすルシア祭とクリスマスの伝統に気持ちを傾けることである。そんなことを考えながら私は、二〇一六年一一月に受け取った一通の電子メールに興味をそそられた。

――スウェーデンでは、イスラム教徒を不快にさせないために、公共の場でのクリスマスの灯を禁止したというのは本当ですか？

報道の世界で働く者であれば、誰しもこうしたメールを受け取ることが日常茶飯事であろう。個人的な中傷や、ファシストあるいは共産主義者呼ばわりされたり（同じメールで両方言われることもある）、「こんな話がある」ともちかけられたりすることは慣れっこになった。しかし、たまにだが、一つのメールがふと浮かび上がってきて、注意を引かれてしまうことがある。

私は、このメッセージを送ってきたイギリス・ノーサンプトンシャーの男性に返信メールを送り、「ストックホルムのセーデルマルム地区にある私のオフィスから見ると、一一月の薄闇のなかにキラキラと輝くクリスマスの灯があふれている」と断言した。

この返信に感謝してくれた彼だが、いったいどこからこんな話を聞いたのだろうか。多くの挑発的なメールとは対照的に、受け取ったこのメールは純朴な質問であると感じたため、私たちはその真意を調べることにした。しかし、あまり手間はかからなかった。スウェーデンの公共放送である「SVT（Sveriges Television AB）」が、ヨンショーピン地方に関するところで次のようなニュースを書いていたのである。

あと一か月でクリスマスの準備がはじまり、多くの町ではクリスマスの灯が通りを飾ることだろう。しかし、いくつかの小さな町は暗いままの状態が続くことになる。スウェーデンの交通局が、飾り付けのために街灯の柱を使わないように禁じてしまったからだ。［参考文献7参照］

その理由は単純なものであった。国道にクリスマスの灯を飾り付けるために市当局は交通局に許可申請をしなくてはならなかったが、小さな町を通過する国道の交通量が増えたために安全性への懸念が高まり、交通局は近年、クリスマスの飾り付けに対して消極的になっていた。言葉を換えれば、クリスマスの飾り付けが理由で街灯の柱が壊れてしまった場合、誰もその責任を取りたくないということである。

それに加えてスウェーデンの法律では、交通局が街灯の電気を売ったり、譲ったりしてはいけないことになっている。このためいくつかの町では、クリスマスの灯を飾り付けるために何か別のもの、たとえば樹木を探さなければならなくなった。

ここまで読むと分かるように、これは非常に官僚的でつまらない話である。〈ザ・ローカル〉でスウェーデン記事を担当している編集者は、このことが国際的な読者の興味を引くとは思わなかったであろう。

ところが、〈スペイザ（Speisa）〉という一部で知られたニュースサイトがこの記事を取り上げた［参考文献8参照］。ちなみに、このサイトについて説明すると、ドメインネームがアメリカで登録されていること以外、運営者が誰かなどといった情報が明らかにされていない。ただし、〈スペイザ〉のツイッターアカウントには、「スペイザは、世界の事件を報道する。とくにスカンジナビア、なかでもスウェーデンにおいて急増している移民の流入に関心がある」［参考文献9参照］と書かれている。

クリスマスの灯について記事を書いたこのサイトの人間には、どうやらスウェーデン語の知識があるようだ。これはＳＶＴの記事を単純に書き直したものであり、内容はほぼ正確だが、次のような一文が書き加えられていた。

――この変化は、キリスト教の伝統を弱めたいと願う人々にとっては勝利となった。ただし、スウェーデンの交通局は、この大きな変化は「安全上の問題」が理由で決定したことであると述べている。

ちょっと待て！　これは何だ？　元の記事にはスウェーデンの「キリスト教の伝統を弱めたい」などとはどこにも書かれていない。とはいえ、〈スペイザ〉のツイッターの紹介文をふまえれば、このサイトが自らの立場に合わせるためにこのような読み方をしたというのもうなずける。

記事の書き方も攻撃的なものではなかった。しかし、この記事がこの物語の急速な「進化」につながる最初の変異となった。この次に起きたのは、スウェーデンのニュースが元の記事から引きはがされ、中身を抜かれて、まったく異なる形にされてしまうという、我々が何度も見ることになるパターンであった。

翌日、アメリカのウェブサイトである〈インフォワーズ（Infowars）〉は、〈スペイザ〉の記事をもとにしつつ、数段階「進化」させた記事を公開した。

スウェーデンのいくつかの町がクリスマスの街灯を禁止した。理由は「安全上の問題」ということになっているが、実は、同国が過去二年間にわたって多くのイスラム教徒を受け入れたため、イスラム教に完全に屈したというのが真の理由である。これは、ほぼ確実なことである……。

この数十年間、街灯について安全上の問題が発生したことはない。ところが、同国に記録的な数のイスラム教徒が流入してから、この規則がつくられたのである。これは、偶然であると果たして言えるだろうか。

クリスマスの灯を禁止するという処置は、イスラム教徒の移民を怒らせず、町を混乱させないための努力の一つであろう。たとえばマルメのように、イスラム教徒のたまり場である「通行禁止区域」やその近くにおいて、車や店が爆弾の襲撃を受けるというのが日常茶飯事になっている街もあるのだ。［参考文献10参照］

ＳＶＴが記事を発行してから三日後となる一〇月二六日、いろいろと物議を醸しているイギリスの右派系コメンテーターであるマイロ・ヤノプルス（Milo Yiannopoulos）が、この話に関する自らの解釈を示した。ヤノプルスは、アメリカのニュースサイト〈ブライトバート（Breitbart）〉（これについては、二四ページで詳しく触れる）のコラムニストであったが、彼は〈スペイザ〉の記事を自らの人気ブログに引用しながら次のように述べている。

何が変わったというのか。クリスマスの灯が重くなったというのか。電柱の耐久性が弱くなったというのか。いや、おそらく大量のイスラム教徒の流入によって、スウェーデンの人口構成がこの二年で劇的に変わったということではないだろうか……。

実際、本当に心配な「安全上の問題」は、どうやら地元の商売を守るためにイスラム教徒の移民を刺激しないことであるようだ。

これは革新主義なのか。文化を豊かにしているのか。むしろそれは、侵略者に対する降伏ではないだろうか。［参考文献11参照］

表示されている情報によると、このブログはフェイスブックで四万五〇〇〇回もシェアされている。この数字は、ヤノプルスのソーシャルネットワークに二三〇万人ものフォロワーがいることを考えれば、それほど驚くべきものではない［参考文献12参照］。それに引き換え、スウェーデンの公共テレビ「ＳＶＴニュース」のフォロワーは一三万五〇〇〇人でしかない。

ヤノプルスのフェイスブックは、オーストラリアに拠点がある〈モーニングニュースＵＳＡ（Morning News USA）〉というニュースサイトがこのニュースを取り上げるきっかけにもなったようだ。〈モーニングニュースＵＳＡ〉の一〇月二七日の記事には、〈インフォワーズ〉の記事を引用しつつ、次のようにはじまっている。

> スウェーデンは移民の流入が続くなか、「安全上の問題」という名目でクリスマスの灯を禁止した。同国はこの二年間、中東から大量の難民が押し寄せており、政府はそれを受け入れようとしている。これは、時として自国の市民に犠牲を強いることにもなる。
>
> ［参考文献13参照］

同じ日、この件については、「クリスマスをめぐる戦争」として捉えることは誤りである、とフェイクニュースの取り締まりサイトである〈スノープス（Snopes.com）〉によって暴かれた［参考文献14参照］。しかし、この話題が拡散することを食い止めることはできなかった。フェイスブックにおけるヤノプルスと〈インフォワーズ〉のフォロワー数を考えると、交通局の決定が宗教的な配慮に基づくものというニュースに触れた人は、少なく見積もっても何百万人となるはずだ。

　この騒動の翌週、スウェーデンの無料日刊紙〈メトロ（metro）〉の「Viralgranskaren《ヴィラルグランスカーレン》」（スウェーデン語で「ウィルス調査局」を意味する）という部署が、ネットでシェアされたニュースが事実かどうかを確認することの重要性を訴えるために、このクリスマスの灯の話を用いたビデオを制作した。

　このビデオの英語版の視聴回数は三四〇万回であったが、元の陰謀版のニュースを目にした数百万人のうち、いったいどれだけの人がこの数に含まれているの

日刊紙〈メトロ〉（撮影：松本秀久）

だろうか。それほど多くないだろう、と私は思っている。

お祭りムードが高まってきた一一月の後半、私たちは読者に地元のクリスマスの灯に関する写真を送ってもらうように呼びかけ、選ばれたものを一二月一日に公開した。本書の執筆時点であれば、「christmas light sweden」というキーワードでグーグル検索をすると、強調文字で書かれた「いや、スウェーデンはクリスマスの灯を禁止していない。これが証拠だ」［参考文献15参照］という記事が最初に登場していた。

「SVTニュース」におけるヨンショーピン・コーナーの記事がフェイスブック

ストックホルムのテロ攻撃の現場。現在は車両入構を防ぐライオンの石像が置かれている（撮影：松本秀久）

でシェアされる回数は、通常、五〇回から一〇〇回くらいである。他方、過去一二か月においてスウェーデン最大のニュースとなった、二〇一七年四月のストックホルム中心部におけるテロ攻撃（トラックによるもの）に関するトップ記事のシェア回数は九一七二回であった［参考文献16参照］。

ちなみに、今日、クリスマスの灯に関する元の記事を見てみると六七一七回であった。この回数はニュースとしては多いほうであるが、それはマイロ・ヤノプルス効果のほんの一端でしかない。交通局の、さほど重要でもない行政決定の記事としては馬鹿げているとしか思えない。

このように注目を集めていることは、無論、良いことばかりではない。その証拠に、記事の最後に新しく、それも英語で以下の付記がなされていた。

本記事は、大変残念なことに、スウェーデン国外のウェブサイトにおいて、まったく誤った文脈で紹介されています。国道当局が管理している街灯にクリスマスの灯をつけることを禁止したのは、技術的、法的な問題によるものであって、宗教にも移民にも関係はありません。スウェーデンの多くの街には、これまでどおり多くのクリスマスの灯

―がともることでしょう。クリスマスの灯は、まったく禁止されていません。

元の話を伝えるにあたってクリスティン・レヌルフ記者は、この決定に不満をもっていた地元の議会議長であるマリー・ヨハンソンを取材していた。その際、「これは時間の無駄だと思う」と彼女は述べたわけだが、結局のところ、彼女の予想をはるかに超える時間が無駄になってしまったというわけだ。

＊＊＊

二〇一三年五月一三日の午後六時、ストックホルム北西部に位置する郊外の町フスビーの男性が、大きなナイフで近所の人々を脅しているという報告がストックホルム警察に入った。その現場に向かった警官隊は、もちろん不測の事態に備えていた。しかし彼らは、その後の数時間における自分たちの行動が、国内だけでなく国際的にも甚大な結果をもたらすことになるとは予測することができなかった。

警官たちが現場に到着すると、年金暮らしをしている六九歳の男性が妻とともにアパートにいた。長らく様子を見たあと、彼らは家に突入することを決めた。警官隊がドアを破り、男を当惑させるべく催涙弾を投じた。しかし、男が歯向かってきたため、二人の警官が発砲した。銃弾が頭に当たり、男はその場で死亡した［参考文献17参照］。

フスビーはストックホルムの中心部から地下鉄でわずか二二分の所にあるが、金融・科学技術・ファッションが渦巻く、自称「スカンジナビアの首都」とはまるでかけ離れた世界となっている。

この地域は緩い丘陵地帯で、一九六〇年代後半に「住宅一〇〇万戸計画」の一環で建設された高層アパートが多くを占めている。噴水や小さな公園、春には桜の花が咲くといういくつかの広場が歩行者の専用道路で結ばれているような所だ。二〇一五年、

フスビーの暴動現場。駐車場の標識には焼け跡が残っている（撮影：松本秀久）

スウェーデンにおける「とくに脆弱な」一五地域の一つとされ、二年後の現在もそれは変わっていない。

六九歳の男性が死亡してから六日後、若者の集団がフスビーで自動車に放火した。警察が現場に到着すると石が一斉に投げつけられ、事態が鎮静化するまでに少なくとも一〇〇台もの車が燃やされた［参考文献18参照］。地元のショッピングセンターは破壊され、警察の調べでは、六〇人もの若者がこの騒動に関与していたとされる。

その翌日、ストックホルム北部郊外にある市民団体が、この暴動は「市民と我々の隣人に対して警察が粗暴に振る舞ったことに対する反動である」［参考文献19参照］という声明を出したが、社会の緊張が何年にもわたってくすぶっていたところに、六九歳になっていた男性の事件が火を点けたというのが一般的な見方であった。しかし、これはほんのはじまりにすぎなかった。

それから五夜にわたり、首都ストックホルムの郊外が安らぐことはなかった。北部のリンケビー、テンスタ、シスタ、エドスベリ、南部のスカルプネック、ノースボリ、フィッチャ、ブレデン、フレミングスベリで車が放火されたのだ［参考文献20参照］。

これらの被害は初日ほど深刻なものではなかったが、五〇台の車と学校の一部が燃やされた。また、ヤコブスベリにある警察署の窓が壊され、近くのショッピングセンターにも被害が及んでいる。すべての夜には五〇人から一〇〇人ほどの暴徒が町にいたとされているが、夜が明けるまでに静かになっている。

警察には合わせて四〇〇件の報告が上がり、二九人が逮捕されている。二台の車に放火したとして一人が懲役刑を、武器と麻薬関連で二人が罰金刑を受けている。被害総額は六三〇〇万クローナ（約七億三〇〇〇万円・二〇一九年五月現在）であった［参考文献21参照］。

スウェーデンの他のメディアと同じく、〈ザ・ローカル〉も暴動の広がりを詳しくたどることにした。スウェーデンが初めて経験した暴動というわけではないが、とても大きなニュースであり、そこで起こっている暴力行為や破壊活動は世界中のメディアの注目を集めた。

ストックホルムにある我々のオフィスには、これまで扱ってきたスウェーデンのどのニュースよりも激しく、世界中のジャーナリストから問い合わせが殺到した。電話は三日間鳴りっぱなしとなり、スカンジナビアに行ったことのない記者たちは、自らのスウェーデン観にそぐわない今回の成り行きを必死に理解しようとしていた。

無論、この困惑があったからこそ世界のニュースメディアがこの事件に引き付けられ、多くの国際ジャーナリストが、「完璧な社会を目指すスウェーデンの夢がはかなく消えた」という決定的な結論を導こうという衝動に駆られたわけである［参考文献22参照］。次々に繰り出される北国の「強者の敗北」という物語の見出しからは、喜びの気分があふれ出ていた。

ついに完璧さの幕が引きずり降ろされ、ほかの国々と同様の機能不全が明らかになった。安全な車としゃれたポップミュージックの、あの自惚れたスウェーデン人がついに現実の苦しみを味わっている。

――おい見ろよ、スウェーデン人だって、近年フランスやイギリスを苦しめている市民の騒動とは決して無縁ではないぞ……。

暴動の原因については、スウェーデンにおいても外国においてもずいぶん考察された。無論、格差拡大や移民の社会統合における失敗、公的支出の失敗などといった理由は非常に深く、複雑なものである。しかしメディアは、二〇〇五年にパリで、また二〇一一年にイギリスで起きた暴動(1)と単純に比較しようとした。ストックホルムの暴動は、その一連の物語の次幕(2)ということになるのだ。とはいえ、これについては、国際メディアでは誰も予想していなかった。

「ストックホルムの騒動の激しさは世界に衝撃を与えた」とイギリスの〈ファイナンシャルタイムズ（Financial Times）〉は書き、「フランスとイギリスは近年暴動を経験していたが、スウェーデンは違うと思っていた」〔参考文献23参照〕と続けていた。また、イギリスの週刊誌〈ニュー・ステイツマン（New Statesman）〉は、「失われた楽園」という見出しのもとで、ストックホルムの暴動がパリやイギリスと違うのはスウェーデンが社会民主主義の楽園と見られていることだ、と説明していた〔参考文献24参照〕。

世界のメディアが大掛かりな詮索をする理由がここにある。暴動自体の規模ではなく、その騒動の文脈、場所が問題なのだ。スウェーデンが非常に評判の良い国であり、〈ニュー・ステイツマン〉が述べるように、「この国に対して不満をもつ人がいるとは、部外者には考えられない」からだ。

数字上、パリやイギリスに比べれば、ストックホルムの暴動はほんのひと握りとも言える地方のトラブルでしかない。パリでは約九〇〇〇台の車が破壊され、三〇〇〇人が逮捕され、

（1）一〇月二七日、パリ郊外で北アフリカ出身の三人の若者が警察に追われ、逃げ込んだ変電所で感電し、死傷したことをきっかけにフランスの若者たちが起こした暴動。最終的には、フランス全土の都市郊外へ拡大している。

（2）八月四日、二九歳の黒人男性が警察官によって射殺されたことをきっかけに発生した暴動。ロンドンから周辺都市へと飛び火し、全国規模に発展したこの暴動において合計五名が死亡し、八月一三日までに暴動・放火・略奪の容疑で一六〇〇人以上が逮捕され、同月二五日までの逮捕者は二〇〇〇人を超えている。

一〇〇人を超える警官が負傷し、被害額は二億ユーロにも上ると見積もられた〔参考文献25参照〕。イギリスの暴動も同様の規模であったが、より多くの警官が負傷し、国じゅうで略奪が横行し、五人の死者を出すという悲劇に見舞われた〔参考文献26参照〕。

思い出してほしいのだが、ストックホルムで壊された車の台数は一五〇台、逮捕者は二九人でしかない。この暴動を報じたジャーナリストは、みんなこの事実を知っている。にもかかわらず、彼らはこの事件を強調文字で誇張することをやめない。

「炎に包まれたスウェーデン」という言葉がメールオンラインの見出しを飾り、「移民のギャングが五夜連続で暴動を起こし……多文化の成功物語の理想郷としての誇りは灰燼《かいじん》に帰した」〔参考文献27参照〕という説明が付された。

アメリカの「CNBC（Consumer News and Business Channel）」は暴動を「北欧福祉の神話」と結び付け〔参考文献28参照〕、〈ロイター（Reuters）〉は、暴徒が「幸福で寛容な国のイメージを壊そうとしている」〔参考文献29参照〕と主張している。また、「ストックホルムは燃えている」と〈ザ・ウィーク（THE WEEK）〉が書き〔参考文献30参照〕、そのすぐあとに〈インディペンデント（The Independent）〉の「スウェーデンの炎と怒り」という見出しが続いた〔参考文献31参照〕。

これらの記事に、スウェーデンに関する「オルタナティブな物語」という映像イメージの初期の姿が垣間見られる。

〈エコノミスト誌（The Economist）〉は、「スカンジナビアの田園風景が放火と騒動によって破壊された」ことに「驚き」を示している［参考文献32参照］。この週、〈ザ・ローカル〉のオフィスに電話してきたジャーナリストたちは、実際の暴動の規模を知りながら、「オフィスから無事に帰宅できたのか」とか「まだインターネットにアクセスできるのか」といった質問をしてきた。彼ら自身が、「誇張の罠」にはまっていたということだ。

イギリスの左派系新聞〈ガーディアン（The Guardian）〉では、同紙のコラムニストであるアディツア・チャクラボーティー（Aditya Chakrabortty）が、「ここでも騒動が起こるというなら、ほかの地域では一体何が起こるというのだろうか？」と記していた。

それにしても各種の調査では、スウェーデンが世界でもっとも幸福な国の一つ（もちろん、イギリスと比べれば間違いなく）ではなかっただろうか？　スウェーデンは平等で、移民を温かく受け入れる国ではなかったのか？　何が起ころうが、ストックホルムは進歩主義の首都であり、ガーディアンの読者たちにとっては、毎日五分の瞑想を行う

――メッカではなかったのか？［参考文献33参照］

チャクラボーティーは、この暴動からイギリスにとっての教訓を引き出したかったようだが、彼の見方が示しているのは、その衝撃が騒動の規模によるものではなく、スウェーデンが楽園であるという、世界があらかじめイメージしていた認識によるということだ。

たしかに、パリとイギリスの事件は大規模かつ社会的な暴力事件であったわけだが、それに比べればストックホルムの暴動などは、街一番の完璧なカップルが夫婦問題のカウンセリングを受けていたということが発覚した程度の騒ぎでしかない。

半世紀以上の間、スウェーデンは進歩的な価値の成功を体現し、左派勢力の支持を受けつつあまりにも成功したことで、幸せであるうえに強力な社会となったため右派勢力は倒すことができなかった。ところが、今回の暴動は、左派勢力にとっては社会主義的原則に背を向けると何が起こりうるかを警告するものとして、一方、右派勢力にとっては、スウェーデンが体現する進歩的価値そのものに欠陥があることを証明するものとして受け止められた。つまり、双方ともに転換点になったということだ。

社会主義的な原則に反対する者にとってこの暴動は、スウェーデンと、同国が標榜する進歩的な価値に対する「オルタナティブな物語」をはじめるうえでの完璧な出発点となった。すでに強調してきたように、この暴動が実際にスウェーデン社会の歴史において重要であったからではなく、さまざまな要因が絡み合ってこの物語を魅力的なものにしてしまったからである。スウェーデンは、異常なほど高い国際的な評判があったゆえに叩き落されたわけである。

さらに、スウェーデンについて知らない人が多いがゆえに、「歪み」と「偽り」がはびこることになった。暴動のショッキングなイメージが、危険で怖いスリルをこの物語に与えたとも言える。そして、タイミングが悪かった。スウェーデンが体現する進歩的な価値に反対する世界の強い勢力が集結して、「オルタナティブな物語」を保持するだけの力を与えてしまったのだ。

事件から四年が経っても、フスビーはいまだに厄介な問題を抱えている。スウェーデンの評判にとっては、「アキレス腱」の一つのままとなっている。

二〇一七年の初め、フスビーの事業主たちは、「民間の警備会社が、四月からショッピングセンターをパトロールするように手配した」と市議会から告げられた。しかし、八月になっても警備員は手配されず、応札《おうさつ》した「セキュリタス」という会社が予定金額よりも高い価格を請求していたことを地元の新聞〈ミット・イ・ストックホルム（Mitt i Stockholm）〉が伝えた［参考文献34参照］。

「誰も、フスビーをパトロールしようとは思わない」と、フスビーの事業者組合長が述べている。

〈ミット・イ・ストックホルム〉の記事から二週間後、このニュースは、アメリカの右翼系ニュースサイト〈ブライトバート〉において、「警備会社が立入禁止区域での仕事を拒否し、スウェーデン企業はお手上げ」［参考文献35参照］という見出しとともに登場した。

記事には、フスビー、リンケビー、テンスタについて、「スウェーデンでもっとも悪名高い立入禁止区域で、警官がしばしば襲われ、車は放火され、暴動の際には地元の店が壊され、略奪された」場所であると書かれていた。この記事はフェイスブックで二五〇〇回近くシェアされ、一〇〇〇件を超えるコメントが付された。

〈ブライトバート〉の記事が出た翌日、ノルウェーの移民統合大臣で、国粋主義者である進歩党のシルヴィ・リストハウグ（Sylvi Listhaug）がストックホルムに飛んでいる。彼女はリンケビーを訪問し、スウェーデンの移民大臣へレーネ・フリッツソン（Helène Fritzon）と会談する予定であった。しかし、ノルウェーの新聞〈ヴェルデンス・ガング（Verdens

Gang)〉でリストハウグのインタビュー記事を読んだフリッソンは、この会合を急遽中止にしている［参考文献36参照］。

同紙においてリストハウグは、「スウェーデンには六〇か所以上の裏社会がある」と主張し、それらを「立入禁止区域」と呼び、「移民の背景をもつ人々が大量にいる」場所では「法のない状況で、犯罪者が主導権を握っている」と述べていた。

のちに、ノルウェー政府がスウェーデン政府に対して、この訪問は「世間の誤解を招くつもりで行われるようだ」と警告していたことが明らかになった。シルヴィ・リストハウグは、寛容な移民政策の結果がどのようになるかをノルウェー国民に対して警告するために「スウェーデンの状況」について語るという、数多くいるノルウェー人の一人であった［参考文献37参照］。ちなみに、彼女の訪問はノルウェーにおける総選挙の二週間前に予定されていた。

ストックホルムの郊外で起こった暴動が世界の新聞の一面を飾ってから、数年間はこうした記事が国際メディアによく登場することになった。この「オルタナティブな物語」については のちほど詳しく見ていくことにするが、泥だらけのブーツの話をする前に、スウェーデンの国際的な評判というピカピカに磨かれた「きれいな床」のことをまず見ておくことにする。

第2章 トランプ、アイゼンハワー、成功の価値

ストックホルム・ガムラスタン（写真提供：森元誠二）

二〇一七年二月一九日の朝、スウェーデンは興奮したツイートの音で目覚めた。もちろん、渡り鳥が早く戻ってきたわけではない。夜明けの鳥のさえずりに先立ち、スウェーデンの元首相で、近年は外務大臣を務めたカール・ビルト（Carl Bildt）がツイートしたのだ。

「スウェーデン？　テロ攻撃？　彼は何を言っているのだ？　疑問だらけだ」［参考文献38参照］

そこには、第四五代アメリカ大統領ドナルド・トランプ（Donald John Trump）の写真と、その前夜に起こってもいないスウェーデンでのテロ攻撃について彼が述べた記事へのリンクが付されていた。フロリダの集会でより厳格な移民政策を実施する計画についてトランプ大統領が話したとき、ヨーロッパの一連の事例について彼は、次のようにスラスラと述べたのである。

2019年秋刊行予定の『スウェーデンの知られざる実情―政治家の世界』（仮）の原書表紙。自転車に乗っているのがカール・ビルト元首相

諸君、ドイツで起きていることを見たまえ。スウェーデンで起きていることを見たまえ。スウェーデンだぞ。これが信じられるか？　スウェーデンだぞ。彼らは多くの移民を受け入れた。そして彼らは、それまで決して考えられなかったような問題を抱えることになったのだ。ブリュッセルで起きていることを見たまえ。世界中で起きていることを見たまえ。ニースを見たまえ。パリを見たまえ。〔参考文献39参照〕

近年、テロ攻撃が起こった場所について述べたわけだが、そのなかにスウェーデンが繰り返し登場したため、人々は、スウェーデンで似たような事件が起こったとトランプが想像したと考えて困惑したわけである。

しかし、当時の駐米スウェーデン大使であるビヨン・リルヴァル（Björn Lyrvall）にとっては、トランプの発言は驚きに値するものではなかった。その二週間前に彼は、フロリダのパームビーチにある大統領のマララゴ高級クラブで行われた赤十字の年次パーティに参加していた。

「ほかの大使数人とイベントに向かう途中のＶＩＰエリアで、私はトランプ大統領とメラニア夫人を紹介されました」と、リルヴァルは私に語っている。

「トランプが私に最初に言ったことは、『スウェーデンか……君たちも移民問題を抱えているそうだね』でした。すでにそのころから、彼のなかでは移民とのつながりが明確になっていたのです」

スウェーデンに話を戻すと、ソーシャルメディアではトランプのコメントをむしろ楽しんでいたと言える。前日、スウェーデンでは何も悪いことは起こっていないと指摘するだけでなく、トランプ大統領が言いたかったことは何だったのか、と人々は想像をめぐらせていたのだ。

ミートボールの大規模強奪事件か？　発酵ニシン（シュールストレミング）のフタ

ワシントンにあるスウェーデン大使館（写真提供：同大使館）

を開けたのか？　雪が降ったのか？

ワシントンのスウェーデン大使館は、定石どおりの行動を取った。大使はアメリカのニュースショーからの出演依頼を断り、その代わりにアメリカ国務省に対して、「トランプ大統領の発言を明確にしてほしい」という正式な要求書を提出した。

それからすぐに――もしかすると、スウェーデンから出てきたユーモアの波に驚いて――トランプ大統領は、前夜にフォックス・テレビで見たアメリカのドキュメンタリー制作者アミ・ホロウィッツ（Ami Horoowitz）のインタビューから引用したものだ、ということを明らかにした。

二〇一六年に制作したドキュメンタリー『ストックホルム症候群』のなかでホロウィッツは、スウェーデンが移民がらみの問題で覆いつくされていると論じていたのだ。また、フォックスのニュースショー「タッカー・カールソン・トゥナイト」では、ホロウィッツに多くの時間を与えて、「スウェーデンでは銃による暴力やレイプの件数がかなり増加しており、音楽祭ではレイプが行われ、立入禁止区域があまりにも危険なために警官が入れない。さらに、社会の同化が進んでおらず、騒動やテロが起こっている」〔参考文献40参照〕といった説明をさせていた。

ホロウィッツの説明のあと、ショーのホストであるタッカー・カールソン（Tucker Carlson）は、スウェーデンの愚行に対する絶望感に首を振り、「分かった」とつぶやいたあと、「美徳を感じることがおそらくもっとも重要なのだろうね」と言っている。

しかし、その放送やホロウィッツがつくった一〇分間のドキュメンタリーに描かれている主張の多くは、スウェーデンの専門家たちによって直ちに否定されている［参考文献41参照］。たとえば、「銃による暴力……の件数がかなり増加」したというが、スウェーデンで殺人に至った暴力事件は住民一〇万人当たり一件であり、アメリカは一〇万人当たり五件である［参考文献42参照］。つまり、ニュースショーのホストが心配するようなものではない。また、警官が「危険な地域」を避けているというドキュメンタリーの主張とは裏腹に、これらの地域は、任務の遂行がどんなに大変であろうとも警官の配備がもっとも強化されてきた場所である、とされている［参考文献43参照］。

このフィルムに参加した二人のスウェーデン人警官は、スウェーデンの犯罪に関する彼らの一般的なコメントを話の文脈から切り離し、完全に曲解して示しているこの制作者のことを「狂人」と見なしている［参考文献44参照］。一方、ホロウィッツはこの批判を否定しており、思いがけず世間の注目を集めたことにおそらく感謝しているであろう。

スウェーデン大使館による唯一の応答は、「私たちはスウェーデンの移民統合政策について、アメリカ政府に説明する日を楽しみにしています」〔参考文献45参照〕という、トランプ大統領自身の釈明に対する簡単なツイートだけであった。

このツイートは七万回以上リツイートされ、一五万回にも上る「いいね」が付いた。また、二〇一七年の夏までに一二五〇万人が閲覧したという〔参考文献46参照〕。アメリカ大統領がスウェーデンについて気軽にコメントしただけであるが、その副作用がずっと長く続いたわけだから……まあそんなものであろう。

☆スウェーデンと自殺

スウェーデンが高い自殺率で有名であるという話は、おそらく聞いたことがあるだろう。しかし、スウェーデンの自殺率は決して高くないし、この神話の起源が、もう一人のアメリカ大統領にあるということまでは知らないだろう。

この話は、フレデリック・ヘイル（Frederick Hale）という学者が、二〇〇三年、〈スウ

エーデン－アメリカ歴史学季報〉に投稿した論文に記載されていることである。(原注)

ヘイルによれば、一九六〇年七月、八年の任期満了が近づいたドワイト・D・アイゼンハワー（Dwight David Eisenhower, 1890～1969）は、当時の副大統領リチャード・ニクソン（Richard Milhous Nixon, 1913～1994）の大統領出馬を盛り上げるために自らの幅広い人気を利用しようとしていた。ニクソンの対抗馬はジョン・F・ケネディ（John Fitzgerald "Jack" Kennedy, 1917～1963）で、選挙は自由主義と国家社会主義を選択するものとして宣伝された。

自由主義を支持する自身の政策が前代未聞の富をアメリカにもたらしたという確信のもと、アイゼンハワーは対立するイデオロギーの信用を失わせることに力を入れた。彼が取った手段は、それまでの二〇年間、社会主義の理想郷として西側の資本主義とソビエト陣営の共産主義の中道を進む成功例としてもてはやされてきたヨーロッパの小国を口撃することであった［参考文献47参照］。

実際、『Sweden: The Middle Way（スウェーデン：その中道主義）』という本が、こうした評判のよい時代において口火を切った。マークィス・チャイルズ（Marquis Childs）というアメリカのジャーナリストによって一九三六年に書かれたこの本には、スウェーデンがいかにして協調的な労使関係と効果的な国家介入とを組み合わせて、社会問題への取り組みを賄うことができるだけの好調な経済を生み出すという経済モデルをいかにして開発したのかについて書かれていた。

また同書は、かつてのアメリカ大統領フランクリン・ルーズベルト（Franklin Delano Roosevelt, 1882～1945）の思想にも影響を与えている。たとえば、ルーズベルトは次のように述べている。

外国、とくにスウェーデンにおける協調的な発展に大いに興味がある。スウェーデンでは、君主制と社会主義政府と資本主義システムがうまい具合に機能している。〔参考文献48参照〕

スウェーデンのジャーナリストであるペール・T・オルソン（Per T. Ohlsson）は、二〇〇六年にコロンビア大学での講演で次のように述べ、スウェーデンの評判が「チャイルズの

（原注）　この節はヘイルの論文に依拠している。同論文の全体を読めば、現在のスウェーデンの位置付けられ方について、より詳細な歴史的な視点を理解することができる。

本のおかげで世界的なレベルにまで高まった」としている。

出版から数十年が経つというのに、長年アメリカでスウェーデンの情報官を務めてきたアラン・カストラップは、『スウェーデン：その中道主義』の衝撃を忘れていなかった。「その重要性と効果においてマルキス・チャイルズの本は、アメリカで出版されたスウェーデンに関する本のなかでもっとも重要性の高いものであった。将来においても、この本に匹敵するものは現れないだろう」と、彼は述べている。

チャイルズの本にまつわる社会の関心と評判は、もちろんスウェーデンにも伝わっている。同書は、スウェーデンの方法論と解決策を、ある意味で確認するものと見なされた。〔参考文献49参照〕

これは、出版から二四年後、アイゼンハワー大統領がアメリカの人々に伝えたいと考えたメッセージとは正反対のものであった。スウェーデンの経済的な評判については、当時まで疑問視されなかったわけではないし、アイゼンハワーの任期終了頃には、保守陣営の評論家がスウェーデンへの批判に道徳的な要素を加えてもいた。

それを勢いづかせたのは、一九五五年の〈タイム（Time）〉誌に掲載された「罪とスウェーデン」という見出しの有名な記事である。著者ジョー・デヴィッド・ブラウン（Joe David Brown, 1915〜1976）は、スウェーデンが堕落の巣窟《そうくつ》であるとした〔参考文献50参照〕。「その理由はどうあれ、スウェーデンにおける性道徳のあり方は、傍から見れば驚くべきものである」と、ブラウンは記している。

スウェーデンでは、未婚の母を社会が蔑視《べっし》することはなく、一九五〇年には、そんな女性が国の伝統的なクリスマスの祝祭において、夜明けのキャンドル行進を率いる若い女性、つまり「ルシア」の役を演ずる候補者になったと知って彼は驚愕したのだ。さらに、「スウェーデンの公立学校における性教育は、アメリカにおいてもっとも進んでいる寛容な親たちでさえも青ざめてしまう」とも、ブラウンは報告している。

カトリックの神父と話しながら、「親や教師たちは乱交を大目に見ており、それは悪いことだということを若者たちに伝えようともしない」ことに彼は衝撃を受けたと述べ、それに対して神父は、未婚の母や出生調整、中絶などが存在することを受け入れ、それらに対して建設的な取り組みを行うというのがスウェーデンの精神性なのだ、と述べている。

この記事は、映画における性表現の規制に対して挑戦しようとするスウェーデン映画がいくつか公開されたことと相まって国際的な論議を巻き起こし、スウェーデンが性的に自由であるという認識を世界に植え付けることになった。

アイゼンハワー大統領は、こうしたことをすべてふまえて、一九六〇年六月二七日、シカゴでの朝食会で六〇〇人の共和党員に向かって、「福祉の行き過ぎは破滅への道である」として次のように述べている。

この数週間だけだが、私はある友好的なヨーロッパの国における、ほぼ完全な父権主義の実験について多くの記事を読んだ。この国は実に多くの社会主義的政策を取っており……そして、自殺率がおよそ信じられないほど上昇してしまった。たしかこの国の自殺率は、かつて世界でもっとも低かったはずだ。ところが現在は、アメリカの二倍以上に達している。アルコール依存症も増加し、あらゆる面で無気力さが感じられるのだ。

［参考文献51参照］

スウェーデンと名指しこそしなかったが、そこにいた全員がどの国について話しているのか分かっていた。そして、翌日の彼の非公式な発言のおかげで、スウェーデンの政治家たちもこれを知ることになった。

フレデリック・ヘイルによると、アイゼンハワーは事実を正しく理解しておらず、彼の発言は「無知とイデオロギー的考察から生まれたもの」として否定されている。

スウェーデンの自殺率は社会民主党が政権に就くずっと前から高かったわけで、実際には、一九三〇年代以降は減少傾向にあった。つまり、社会主義のセーフティネットが影響を与えていたとしても、それは自殺率を減少させるだけの効果があったわけである。

スウェーデンの政治家や評論家たちは、このアイゼンハワーの発言に対して皮肉まじりのユーモアで返したわけだが、この事実は、トランプ大統領の発言に対するソーシャルメディアでの応酬からすると、五〇年以上前の先例となる。

ヘイルによれば、時の首相ターゲ・エランデル（Tage Erlander, 1946～1969）が「若者の不良化、アルコールの過剰摂取、その他の困難は国際的な問題であり、アメリカはそのよい例だ」と指摘したほか、防衛大臣のスベン・アンデション（Sven Andersson）がスウェーデンの新聞〈ダーゲンス・ニュヘテル（Dagens Nyheter）〉に、「スウェーデンにとっての慰めは、アメリカ大統領のホワイトハウスでの任期がほぼ終わっているということだ」と述べている、とされている。

そして、そのライバル紙である〈スベンスカ・ダグブラーデット（Svenska Dagbladet）〉の編集者は次のように記している。

「超大国の首脳向けの参考書を彼は読んでいたのではないか、という希望をひそかに抱いたとしても、スウェーデンの人々は責められるべきではない」

アメリカ大統領によるこの誤った発言が、世界的な神話として長く残るとは信じられないと思っている人は、スウェーデンの自殺率が高いという考えが二〇一七年になっても続いていることを知るべきである［参考文献52参照］。実際のスウェーデンの自殺率は一〇万人当たり一二・七人であり、ヨーロッパの平均である一四・一人を大きく下回っており、アメリカの一二・六人をほんの少し上回る程度でしかない［参考文献53参照］。

この共和党員への発言から二年後、アイゼンハワーはスウェーデンを訪れ、同国に関する誤った発言を次のようにうやうやしく詫びている。

どなたかが質問する前に、私が数年前にシカゴで発言したことは、当時のアメリカの雑誌で読んだ情報に基づいていたということをはっきりと伝えておきたい。それ以降、私は、スウェーデンに行って帰ってきた多くの友人から間違っていたことを告げられた。

―私はこの誤りを謝罪する。［参考文献54参照］

＊＊＊

トランプもアイゼンハワーも、スウェーデンやスウェーデン人を傷つけたいと思っているわけではなかったが、二人とも自国内の政治のために、この小さな北欧の国の評判を喜んでもち出したことだけは間違いない。一九六〇年、そして再び二〇一七年に、スウェーデンは世界でもっとも強い人物によって、彼ら自身のものには反する特定の生き方や価値観を鮮やかに象徴するものとして利用されたのだ。

アイゼンハワーが発言した当時、スウェーデンはうまく機能している社会主義の模範国であったし、戦後ずっと成長を続けていた。そんな経済状況であったから「スウェーデン・モデル」の失敗を大統領が主張することは難しかったわけだが、こんな「スウェーデンでさえ」アルコール依存症や無気力、道徳の緩みに苦しめられているのだと示唆することでそのモデルが失敗しているという感情を引き出したかったのだろう。そのための便利な道具として、スウェーデンという国を利用したわけである。

現在、スウェーデンはより複雑な状況にある。いまだにスウェーデンが「社会主義の楽園」

であるという考え方は多くの人々のなかに残っているわけだが、それに対する関連性はもはやそれほど強くはない。その理由の一つが社会主義の衰退である。

一九九三年以降、スウェーデンの対GDP比で見た政府支出は七〇パーセントから五〇パーセントへと落ち込んでいるし［参考文献55参照］、他方、医療や教育といった伝統的な公共サービスの分野において民間からの参入が急激に進んでいるのだ。しかも、二〇一七年現在のスウェーデンは、経済モデル以外にもさまざまな点で目立つ存在となっている。

☆成功ほど人を挑発することはない

一九五〇年代と比べると、我々は国同士を比較するうえでより多くのデータを入手できるようになっているし、毎月のように国際ランキングがメディアで取り上げられるようになった。男女平等、同性愛者の権利、幸福度、言語能力、開放度、透明度、民主主義－進歩的な価値ということでは、たしかにスウェーデンは世界のチャンピオンである。また、物質面においても、情報技術の接続、金融工学、生物工学、安全性、医療などにおいて「非常に優れている」と考えられている。

これらのランキングは、非常に厳密な経済指標から曖昧な調査まで幅広いものとなっているわけだが、いずれも非常に重要なものである。なぜなら、これらは人々が話題にし、国の評判を形成する基礎となるからだ。実際、こうした近年のランキング激増の恩恵を受けて評判を高めている国があるとすれば、それはスウェーデンだ、とも言える。

一時は停滞し、かつては社会主義の楽園と考えられていたにもかかわらずスウェーデンは、アメリカのビジネス誌〈フォーブス（Forbes）〉による二〇一七年の「もっともビジネスに適した国」というランキングにおいて第一位であった［参考文献56参照］。調査対象となった一三九か国のうちスウェーデンがとくに高い評価を得たのは、人の自由度、金の自由度、腐敗度（もちろん、腐敗が少ないという意味）、そして技術においてであった。

欧州委員会の厳密な評価による二〇一七年の「革新性評価指標」も、〈フォーブス〉のランキングを裏付けている。生涯学習、科学分野の国際共著論文、研究開発支出、商標登録申請、新製品や新規企業の売上額など、広範囲にわたる変数の得点に基づいてスウェーデンが二年連続で第一位となっている。また、ストックホルムは欧州連合のなかでもっとも革新的な地域という評価を得ている［参考文献57参照］。

「トランスペアレンシー・インターナショナル（Transparency International :TI）」が作成した二〇一六年の汚職認知指数では、スウェーデンは第四位であった〔参考文献58参照〕。これは、順位が高いほど「報道の自由度が高く、公共支出に関する情報へのアクセスがしやすく、公務員がしっかりとしており、司法システムの独立性が高い」ということである。

またスウェーデンは、世界経済フォーラムの「世界男女格差レポート」において八年連続第四位であった〔参考文献59参照〕。このランキングは、公共セクターにおける役割や教育、政治的権力などの分野における男女格差を評価している。

まだある。スウェーデンのパスポートの通用度、すなわちビザなしで入国可能な国の数は世界で二番目に多い〔参考文献60参照〕。スウェーデンは移民にとってもっとも良い国であり〔参考文献61参照〕、高齢者の生活の質においては世界で第三位であり〔参考文献62参照〕、世界で一〇番目に幸福な国でもある〔参考文献63参照〕。そして、英語が母語でない国のなかで、英語の能力が高い国としてスウェーデンは世界第三位となっている〔参考文献64参照〕。

二〇一五年に〈フィナンシャル・タイムズ（Financial Times）〉紙は、「ユニコーン」と呼ばれる一〇億ドル規模の企業が生まれた数の人口比において、ストックホルムがシリコンバレーに次ぐ高さであると報じて、同市を「ユニコーン製造工場」と呼んだ〔参考文献65参照〕。

さらに、国民総所得に対する割合で見ると、スウェーデンは海外開発援助においてもっとも寛容な提供者である〔参考文献66参照〕。国民総所得の一・四一パーセントという数値は、国際連合が定める先進国の目標値からすると二倍の金額となっている〔参考文献67参照〕。

二〇一七年一月、世界経済フォーラムはこうしたスウェーデンの成果をうまくまとめ、「なぜスウェーデンは、ほとんどすべての面で他国を圧倒しているのか」という論文を発表した〔参考文献68参照〕。観光、ビジネス、政治など、国外においてスウェーデンの名声を高めようとしている者であれば誰しも、これはまるで「夏至祭」と「クリスマス」と「ザリガニ・パーティー」が一緒にやって来たようなものである。

総合的に高いこのような成果がスウェーデンの国際的な評判を高めたわけだが、幸運にも、そのことを直接示す指標が存在している。それによっても、スウェーデンの評判はやはり高い。国際的なコンサルタント会社であるアメリカの「レピュテーション・インスティテュート（Reputation Institute）」が作成している国の評判についての年次調査によると、スウェーデンは二〇一二年の調査開始以来、常に「トップ3」の座にあり、二〇一六年は第一位であった〔参考文献69参照〕。ちなみに、二〇一七年の調査においては、五五か国について、三万九〇〇〇人の消費者を対象とした調査が行われている。

「レピュテーション・インスティテュート」によると、現在は、国の評判が個人や企業の評判と同じように評価される「評判経済の時代」である。つまり、「国の全体的な評判というのは、経験や交流、そして第三者の目や一般的に受け入れられているステレオタイプから形成されている」ということである。

「レピュテーション・インスティテュート」の調査で興味深いのは、スウェーデンが「トップ3」の評判を得ている一方で、「よく知っているか?」という程度の質問については、五五か国中で一九番目のランクに留まっていることである。このことは重要である。なぜなら、のちに見るように、あまり知られていないということは、その国について歪んだイメージを拡散したいと考える者に対して絶好の機会を与えることになるからだ。

「フューチャーブランド（FutureBrand）」というコンサルティング会社が作成している類似の指標では、「国は通常、アイデンティティと評判を合わせたものとして理解される」という仮説が基礎となっている。

「フューチャーブランド」は、ある国に対する認識の強さが、人々がその国を訪れたい、その国に住みたい、あるいはその国に投資したいということを決定するうえにおいて影響を与えるとしているのだ。つまり、強力で良好な「国のブランド」は、消費者の選好に影響を与えるという意味において競争の優位性をもたらすことになる。

国を連想してしまう強いブランドが、その国に対する認識を高めている。さらに、特定の国が発祥となるモノやサービスを人々が積極的に好む場合も同じである。すなわち、人々が車を買い、モノを食べ、服を着る際には、それらがつくられた国というものを意識的に消費しているということである。

このような「メイド・イン」効果をうまく利用していない国々は、利用している国々と比べて非常に不利な状況に置かれている。〔参考文献70参照〕

つまり、強い商品ブランドは国に対する認識を高めるし、また国に対する認識が高ければ、商品ブランドを後押しすることになるということだ。スウェーデンは、家具、衣料、家電製品、ゲームなどの世界的な企業とともに、このような良い循環をこれまで最大限に利用し、互いに力を得てきた。

スウェーデンの評判について、誰よりも知る男性の一人がオッレ・ヴェストベリ（Olle Wästberg）である。ヴェストベリは、スウェーデンで最大となる新聞の編集者、国会議員、また在ニューヨークのスウェーデン総領事を務めた人物である。二〇一七年二月に彼は、〈ザ・ローカル〉に対して次のように述べている。

スウェーデンは対外貿易に依存する小さな国だ。我々の命運は、良い評判をもつことにかかっている。投資家がスウェーデンに投資してくれるのは、その評判に持続性があることを承知しているからだ。〔参考文献71参照〕

スウェーデンの強力で良好な評判はビジネスにとっては好ましい。だからこそ、「スウェディッシュ・インスティテュート」や地域別にマーケティングを行っている団体が、このイメージを高めるために多くの投資を行っているのだ。すなわち、スウェーデンの企業が外国でビジネスをする際には、革新性や信頼性、そして効率性といった重要なチェック項目の多くがすでに認められているということだ。

「フューチャーブランド」のランキングに組み込まれている六つの「次元」（価値システム、生活の質、ビジネスに対する良好度、観光、遺産と文化、製造元）のうち、スウェーデンは価値システムにおいてトップとなっている。ここでさらに、これら世界調査のなかで興味深いものの一つとなる「世界価値観調査」[1]の結果について見ていこう。

ストックホルムに本拠を構える「世界価値観調査」は、一九八一年以降、およそ一〇〇か国で実施されている。これまで挙げてきた多くの調査とは異なって非商業的で、「現在までおよそ四〇万人に対して行われた、人間の信念や価値観についての、世界最大の国際的・時系列的調査である」とされている。

この調査から得られたデータは世界中の社会科学者や経済学者に利用されており、政治家たちが世界の信念や価値観について理解し、経済開発や民主化、男女平等などの分野で彼らが果たすべき役割を考えるうえにおいて役立っている。

ただし、少なくともスウェーデンにおいては、ロナルド・イングルハート（Ronald F. Inglehart）とクリスチャン・ヴェルツェル（Christian Welzel・世界価値観調査委員会の研究所長でもある）という二人の政治学者によるデータ分析ほど、この調査に対する注目を集めたものはない。

（1）（WVS:World Values Survey）世界の異なる国の人々の社会文化的、道徳的、宗教的、政治的価値観を調査するため、社会科学者によって行われている国際プロジェクト。調査の結果はインターネットで閲覧が可能となっている。

図1　イングルハートとヴェルツェルによる世界価値観調査データの分析　（掲載国の選定は筆者による）

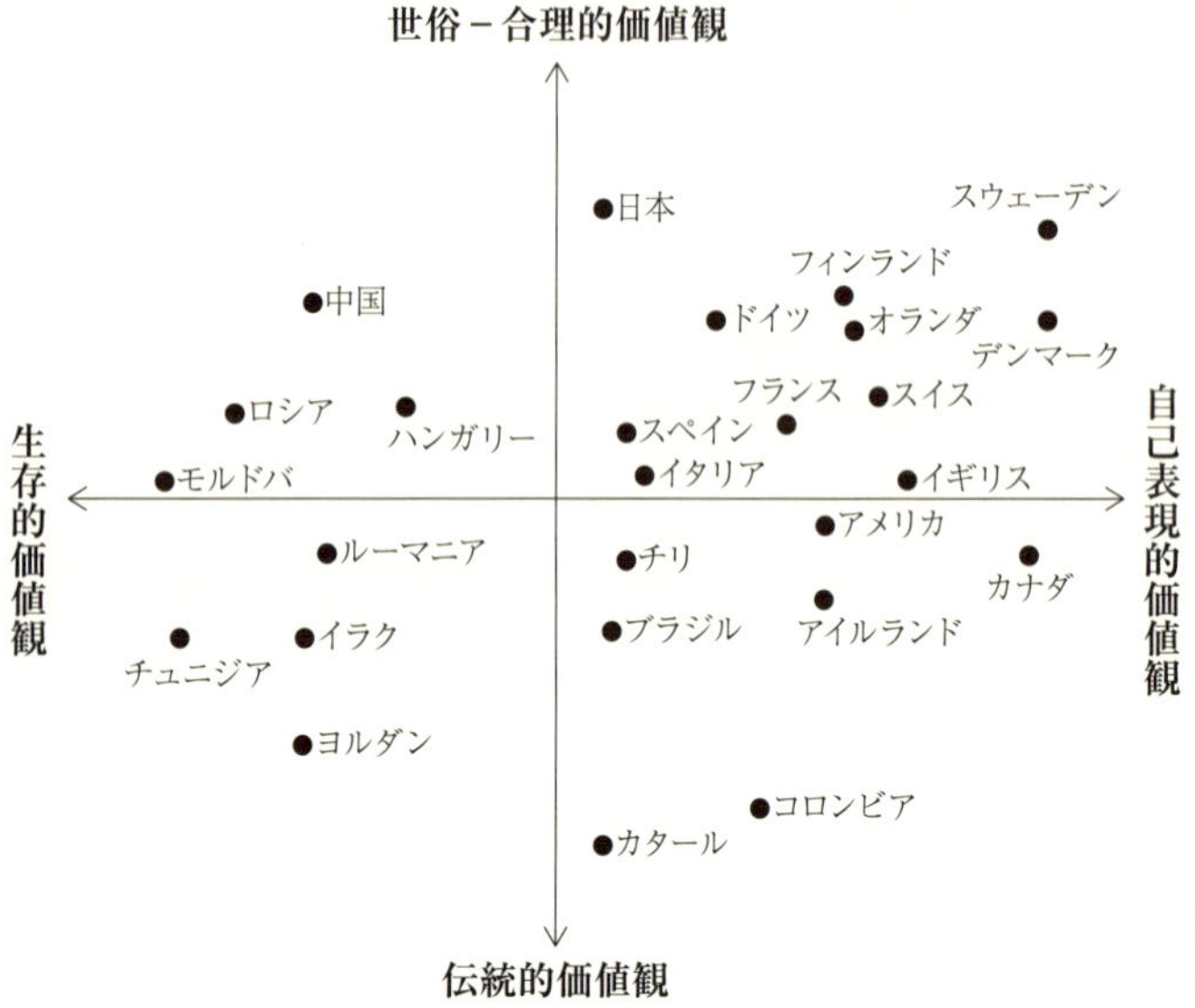

「**伝統的価値観**」は、宗教、親子関係、権威への恭順、伝統的な家族の価値の重要性を表している。これらの価値を認める人々は、離婚や中絶、安楽死や自殺を拒絶する。こうした社会は、国に対する誇りや愛国主義的な見方が強い。

「**世俗－合理的価値観**」は、「伝統的価値観」と逆の志向性である。こうした社会では、宗教や伝統的な家族の価値、権威をあまり強調しない。離婚、中絶、安楽死、自殺に対しては比較的寛容である（ただし、これは必ずしも自殺者が多いということではない）。

「**生存的価値観**」は、経済的、物質的安定を強調する。これは、比較的自民族主義的な見方や信頼感・寛容性の弱さと結びつく。

「**自己表現的価値観**」は、環境保護や外国人、ゲイ、レズビアン、男女平等への寛容性が向上し、経済・政治における決定への参加欲求の高まりに対して高い優先順位を与える。

出典：世界価値観調査。

イングルハートとヴェルツェルは、世界の文化的多様性、すなわち国ごとの価値観の違いは四種類の価値に集約できると考えている〔参考文献72参照〕。それを表現すべく、彼らは二つの軸による図を作成した。縦軸は「伝統的価値観」をもとに「世俗‐合理的価値観」を上にして、横軸は「生存的価値観」を左に、「自己表現的価値観」を右に置いて描いている〔参考文献73参照〕。

これまで見てきたとおり、スウェーデンが表すのは男女平等などの進歩的な価値観である。そして、予想に違わず、スウェーデンは上の「世俗‐合理的価値観」と右の「自己表現的価値観」の間に位置している。「自己表現的価値観」はデンマークと同じくらい高いが、それよりも世俗‐合理的であり、「世俗‐合理的価値観」は日本と同じくらいの高さだが、それよりも「自己表現的価値観」が強くなっている。

スウェーデンは、誇りに思うほど、また挑発的なほど特殊である。しかし、これらの価値観に運命を預けてしまったということになると、これらの価値観が廃れてしまったらどうすればよいだろうか。あるいは、これらの価値観が強い権力者の意向に反して、たとえば、あの悪びれもしないアメリカ大統領や彼と関係のあるメディアがスウェーデンの力を弱めるために、この国にまつわる「神話」を広め出したらどうすればよいのだろうか。そして、スウェーデンに関する良好で価値のある評判は、そのような攻撃に耐えられるほどしなやかなものなのだろうか。

これについては、人々がどの程度スウェーデンのことを知っているのか、ということによる部分が大きくなる。二年後に謝罪するかしないかはともかく、スウェーデンについての話をすれば、それが自分の意図する聴衆の心に突き刺さることをアイゼンハワーは十分に承知していた。なぜなら、聴衆はスウェーデンが何を意味するのかについては理解していたものの、実際にはスウェーデンのことをほとんど知らなかったからだ。もちろん、彼の言葉をきちんとした文脈で理解し、しっかりした見識をもって評価することも十分に行うことはできなかった。

それでは現在、人々はスウェーデンのことをどのくらい知っているだろうか。本書の読者はおそらく平均的な人よりは知識があると思うので、質問を変えてみよう。

「あなたは、ポルトガルのことをどのくらい知っていますか？」

☆ポルトガル問題

さて、これからポルトガルについて私が知っていることをすべて話してみよう。グーグルの助けは借りないで、自分の経験、認識、ステレオタイプ——そして、私が人生においてポルトガルについて学んだことで、覚えているすべてのことを話してみたい。

ポルトガルはスペインの左（専門家なら「西」）側にある。大西洋の海沿いには、多くの観光リゾート地がある。そのうちの一つはアルガルヴェだ。ポルトガルは暖かい南欧の気候で、おそらく大西洋岸は少し風が強いだろう。

ポルトガルにはおよそ一〇〇〇万人が住んでいるが、カトリック教徒が優勢だったと思う。ポルトガルは欧州連合（ＥＵ）の一員である。ゆえに、通貨はユーロ。ポルトガルの首都はリスボンで、おそらく国の真ん中あたりに位置し、たしか海沿いだったように思う。

かつて海洋大国で、ポルトガルは多くの植民地をもっていた。アンゴラ共和国（アフリカ南西部）が突然頭に浮かび、ひどく驚いた。

ＣＲ７、つまりクリスティアーノ・ロナウド。ポルトガルは二〇一六年にサッカーのヨーロッパ・チャンピオンシップで優勝している。サッカーのことを考えていたら、ジョゼ・モウリーニョが頭に浮かんだ。それに、エウゼビオもだ。「ベンフィカ」はポルトガルでもっとも有名なサッカーチームだし、「ポルト」も知っている。たしか、単なるサッカーチーム名ではなくて都市の名前のはずだ。

そして、ポルトガルの公用語はブラジル語だ。

＊＊＊

さて、私は言語を知っていたわけだが、ポルトガルの政治についてはまったく知らない。彼らの議会制度がどのようなもので、どの政党が与党で、首相がどんな名前なのかも知らない。首相じゃなくて大統領かもしれない。

ポルトガル人にとって、何が重要な社会問題なのかについても私は知らない。この国の医療制度も、道路も、技術インフラがどうなっているのかもまったく知らない。もっと言えば、ポルトガルの企業を挙げることができないし、観光以外でこの国の主要産業が何なのかについても私は知らない。

きっと、ポルトガルには偉大な音楽家や画家や作家がいると思うが、私は一人として名前を挙げることができない。この国でもっとも人気のあるポップスターは誰なのだろうか。この国でもっとも注目を集めているセレブは誰なのだろうか、まったく分からない。

ところで、ポルトガルは北大西洋条約機構（ＮＡＴＯ）に加盟しているのだろうか？　私は移民に対するポルトガルの姿勢について何も知らないし、移民との統合政策がこの国の課題になっているかどうかについても知らない。失業率は上がっているのだろうか、それとも下がっているのだろうか？　ポルトガルの軍隊はどのようなもので、徴兵制はあるのだろうか？　殺人の発生率は欧州連合の平均よりも高いのか低いのか？　男女平等は？　レイプは？　自殺は？　ポルトガルには極右や極左の政党があるのだろうか？　あるとして、国民の人気を集めているのだろうか？

ポルトガルは偉大な歴史をもつヨーロッパの先進国であろう（たぶん）。しかし、恥ずかしながら、私はこの国のことを少ししか知らない。だから、もし誰かが私にポルトガルについて話をされても、その情報を解析するにあたって、ヨーロッパの先進国として「普通」と思われること以外の文脈を私はもっていない。

仮に、多忙な生活のなかにおいてさまざまな角度から情報がやって来れば、詮索も調査も背景の確認もしないいまま、ポルトガルのニュースがすっと私の意識に入り込むことになるだろう。つまり、大多数の人々が、こんな風にスウェーデンの情報を扱っているということだ。昔からよくある話だが、スウェーデンとスイスを間違えるというケースがある。これは真実である。もちろん、それはこの二つの国のせいである。両国とも「Sw」ではじまり、両国とも中立国となっている。このことは（現地語では、さらに両国の名前が似通っている）、中国において上海のスウェーデン領事が、両国の違いを説明するためにユーモラスなポスターを作成するほどの問題になっている［参考文献74参照］。

このポスターには、両国のステレオタイプの最たるもの（スウェーデンについてはバイキング、ヘラジカ、ビキニの金髪女性、ピッピ、同性婚。一方スイスについては、チョコレート、腕時計、銀行、雪山、ロジャー・フェデラー）が掲載され、中国で大いに拡散された。ただし、このポスターが中国人において両国を識別するために役立ったのかどうかは分からない。グーグルで「スウェーデン　スイス　混同」で調べると、この問題が決して中国にかぎった話でないことが分かる。

言うまでもなく、フランスとドイツの間では決して起こらないことである。

＊＊＊

スウェーデンが非常に高い評判を有しており、それが世界における商業的、政治的影響力にとって極めて重要であることは明らかだ。

スウェーデンの評判は、技術や革新といった文句のつけようのない、特別ではない要素に基づく部分もある。しかし、スウェーデンの評判を他国の評判と異なるものにしているのは、極めて進歩的なスウェーデンの価値観である。この価値観は、西側諸国について見ても普遍的なものとは言えない（もしもあなたが普遍的なものだと思っているなら、もっとよく世界の現実を見る必要がある）。このことが、スウェーデンの評判が魅力的で標的になりやすい理由である。

他方、スウェーデンは一般によく知られておらず、小国ゆえに影響力が小さいことから、口撃に対して脆弱になってしまうという面もある。

このことは、進歩的な価値観を攻撃する道具としてスウェーデンを利用しようとする人々がいなければ何の問題にもならない。ところが、残念なことに、アイゼンハワーの例で見たようにそうした人々は過去にもおり、そして現在もいるのだ。

トランプの発言はもっとも目立つものであったが、ほかにも多くの人々がいる。彼らは必ずしも正式に連携しているわけではないが、みんな同じ方向に物事を運ぼうとしている。もっとも重要なことは、スウェーデンが標榜する価値観を弱めるために、スウェーデンが失敗していることを示す必要があるということに関して、彼らが理解していることである。

第3章

難民とオルタナティブ・メディア

マルメ旧市庁舎前広場（写真提供：河本佳子）

「昨夜スウェーデンで」というトランプ大統領のコメントがソーシャルメディアを騒がせたとき、スウェーデン人には、ちょっと笑える、寒くて暗い二月の日曜の朝を明るくするための奇妙な方法と見なすような雰囲気があった。

おい、ちょっと見ろよ、ドナルドが俺たちのことを話してやがる！
ノルウェーでもデンマークでもなくて、俺たちだぜ！

トランプの発言とその素早い釈明から、彼が具体的なテロ攻撃を想定して話したわけでないことは明らかだった。しかし、評論家や政治家たちは、この話を可能なかぎり引き伸ばしはじめた。スウェーデンの新聞は本件について英語での記事を掲載し、誰もがドキュメンタリーの制作者へのインタビューに殺到し、スウェーデン人たちはどうやったら普通の状態に戻れるのかという冗談をみんなで言い合っていたのだ。

あとから考えればこれは正しい対処方法だったし、今後同じような状況が発生した場合、どのように対処すべきかについて一つのモデルを提供してくれたことになる。また、アメリカ大統領の釈明を促しただけでなく、商業的にも良い効果をもたらす可能性があった。

この事件から二週間後、私はネットの航空便予約サービスを運営する「チープフライツ」のボストン支社に電話を入れた。トランプの発言のあと、アメリカ発スウェーデン行きの航空便の検索数に何か大きな変化が見られたかについて尋ねたのだ。

彼らの答えは驚くべきものだった。トランプが「昨夜スウェーデンで起こったこと」に触れたあとの週末、アメリカ発スウェーデン行きの航空便の検索数が、週末の平均的な検索数に比べて一三パーセントも落ち込んだというのである。

あの発言は、スウェーデン経済に直接的な打撃を与えていたのだ。ひょっとすると小さなものかもしれないが、ある一社のみの数値であることを忘れてはいけない。ただし、その次の週末は、アメリカのメディアがスウェーデンについて好意的な報道を続けたこともあり、アメリカ発スウェーデン行きの航空便の検索数は「チープフライツ」の通常水準を三〇パーセントも超えていた。

まあ、よい話だが、トランプ大統領の突然の発言はただの煙でしかなかったということだ。もし、火がつくようなことがあれば、もっと大変なことになる。

＊＊＊

前章で見たように、スウェーデンは世界でもっとも自己表現的で、世俗－合理的な社会である。そのような社会は、男女平等への好意的態度、環境への関心、民主主義の強調、外国人への寛容といった特徴を概してもっているということは覚えているだろう。

もし、あなたが、イングルハートとヴェルツェル（五〇ページの**図1**参照）の言うところの（より権威主義的、ナショナリズム的、自民族中心的な社会において宗教と家族の価値を重視する）伝統的価値観や生存的価値観を好み、それを拡散したいと思うなら、スウェーデンが失敗していると聴衆が考えるように説得する必要が出てくる。

ところが、スウェーデンは多くの経済的・社会的指標において世界でかつてないほどの成功を収めている国の一つなので、これはなかなか大変なことになる。その結果、スウェーデンにおける問題のあら探しをして、誤解を招きかねないほどに情報を絞って提供する必要が出てくるかもしれない。

とはいえ、もしスウェーデンがその有名な価値観を象徴するような、そしてスウェーデン人自身が直ちに「危機」という言葉を当てはめたくなるような目立つ政策を実施しようとすれば、あなたの仕事は容易なものになるだろう。

☆難民危機

二〇一五年九月七日、前代未聞と言えるほどの人々がマルメ中央駅に到着しはじめ、数週間をかけて電車でヨーテボリとストックホルムに北上していった。そのうちの最大勢力はシリアの戦禍を逃れた人々であったが、ほぼ同じくらいの人数がアフガニスタンから来ていたし、さらに少なからぬイラクからの人々がいた。

二〇一五年の九月から一二月までの間に、おそそ一一万四〇〇〇人が、危険で地獄のような方法で陸や海を渡ってスウェーデンの保護区にたどり着いたのだ。その結果、

マルメ中央駅前の広場（写真提供：河本佳子）

二〇一五年の難民申請者数は一六万三〇〇〇人と前年の二倍となり、二〇〇〇年以降の年平均水準の五倍以上に達した〔参考文献75参照〕。

二〇一五年の秋にやって来た人のうち、七万人が子どもであった。地方自治体とともに多くの中央省庁が、難民の要望に対してさまざまな方面から対応した。警察が国境管理を担当する一方で、社会委員会、社会監査局、公衆衛生庁、学校庁、学校監査局、施設保護委員会、若者市民庁が社会、医療、教育問題を担当した〔参考文献76参照〕。スウェーデンの一般市民も、金銭の寄付や難民向けの食料・衣服・玩具その他の提供、自宅住居の開放、仮設住居となった市民センターの見回り、一人で到着した子どもに対する法的後見人への就任などといった役割を担った。

しかし、スウェーデンの移民庁は、彼らから圧力とも言える矛先を突き付けられることになった。状況への対応に関する公式な調査によると、政府はこれほど大量の移民が到着するとは想定していなかったため、危機管理上の手続きを取らざるを得なかったという。公式の報告書には以下のように記されている。

――スウェーデン移民庁にとって、二〇一五年秋の状況は非常に激しいものであった。移

民庁は住居の確保を優先し、一夜を除き、到着したすべての人の頭上に屋根を確保することができた。〔参考文献77参照〕

この例外的な二か月間においても、スウェーデンは「人道主義超大国」という、やや大胆な呼び名にふさわしいだけの対応をしたようである。

ちなみに、この呼び名は、二〇一三年二月という落ち着いた時期にカール・ビルト外相（当時。一一八ページ参照）が提唱し〔参考文献78参照〕、二年後に彼の後任であるマルゴット・ヴァルストローム（Margot Wallström）が繰り返したものである〔参考文献79参照〕。スウェーデン政府はドイツとともに立ち、先例を示すことで、他の国々が難民の対応について負担を分け合うような圧力を感じてほしいと願っていた、と言えるだろう。

一一月四日、ステファン・ロベーン（Kjell Stefan Löfven）首相は、「スウェーデンが他の国々と比べて過度に大きな責任を負っている」と述べ、欧州連合の残りの国々に対して支援を強く呼びかけている〔参考文献80参照〕。

「今、我々は非常に厳しい状況にある。今こそ他の国々も責任を共有すべく、難民の再配分を要求する」

しかし、その願いはむなしく、スウェーデンに到着する難民の数は増える一方となった。その翌週、スウェーデン政府は南の国境に、同国としては前代未聞とも言える厳しい入国管理措置を敷いた。長年にわたって続いたシェンゲン協定(1)を覆して、警察が国境に到着した人々の身分証明書を確認しはじめたのだ。その結果、スウェーデンに入国する難民の数が急激に減少することになった。

「人道主義超大国」という名称が返上されても仕方がない。「ヨーロッパの人道主義超大国ですら難民に背を向けた」と報じた〈ワシントン・ポスト（The Washington Post）〉は、さらに「この新しい政策は激しい自己分析を誘発した」〔参考文献81参照〕と述べている。また、カール・ビルトものちに、「このUターンは、スウェーデン自身の価値観に疑問を投げかけるものとなった」〔参考文献82参照〕と認識したうえで次のように述べている。

「我々は、時に世界の残りの国々と比べて道徳性の非常に高い馬に乗ってきたが、ここで完全にひっくり返った。これによって、安定性に関する疑問がいくつか生じることになった」

多くの難民を受け入れたことによる莫大な費用は、今後何年もかけて返さなくてはならないが〔参考文献83参照〕、スウェーデンが危機にあった期間は、激しかったとはいえ短いものであった。二〇一六年の難民申請者数は二万九〇〇〇人と、二〇〇九年以降では最少となった［参考文献84参照］。

しかし、スウェーデンが体現する価値観を中傷したい人々からすれば、この難民による危機は実に利用価値の高いものとなった。二〇一三年のフスビー暴動から続く話の流れとして、感情に任せた物語や写真をふんだんに提供することによって「移民の大群」を受け入れるという決定が、「ほとんどすべての点で他の国々を打ち負かす」スウェーデンという国の崩壊と滅亡を招くことになる、と主張できたわけである。

その要点は明確である。これらの進歩的な価値の論理的な帰結は、自己崩壊であるということだ。

――こうした進歩的な価値は拒絶しなくてはならない。そうでなければ、あなたの世界が崩壊してしまう。スウェーデンを見よ。スウェーデンでさえ、そうなのだ。

イメージ先行のメディアがあるおかげで、スウェーデンがブロンド美人と手つかずの湖の

（1）ヨーロッパの国家間において、国境検査なしで国境を越えることを許可する協定のこと。

ほとりの赤いコテージ、そして「ABBA《アバ》」といった世界中に知れわたった視覚的効果の高いモチーフの源となっていたことは間違いなく利点となっていた。しかし、こうしたイメージのところに放火された車や暴徒化した移民の若者の姿が重なると、映像イメージにさらなる強い効果をもたらすことになってしまう。要するに、「悪いスウェーデンの物語」に必要とされる要素がまさに降って湧いてくるのである。

＊＊＊

さまざまな国際ランキングや主要なニュース記事を見るかぎり、スウェーデンのハイテク都市は、創造性と革新性、そして市民の調和にあふれている。ここは犯罪が少なく、子どもと高齢者にとっては最高とも言えるケアが整っている。この国は男女平等のリーダーであり、少女たちにとっては、世界のどこよりも良い機会を与えてくれる国なのだ［参考文献85参照］。

ところが、最近は「オルタナティブ・メディア」として知られ、非常に保守的でポピュリスト的な報道から極右の陰謀を臆面もなく推進する内容までを扱い、互いにゆるくつながっているネットテレビやネットラジオだけを視聴しているとすれば、あなたのスウェーデン像はまったく違ったものになるだろう。あなたにとってスウェーデンは、ヨーロッパに差し迫っている「多文化市民戦争」において移民に蹂躙され、崩壊寸前となっている「グラウンド・ゼロ」となる。

スウェーデンの各市街は、若者の暴動によって焼かれたボルボの骨組みが転がっているとあなたは確信していることだろう。さらに、スウェーデン第三の都市であるマルメは、同国の腰抜け政治家たちが移民に門戸を開いてしまったばかりにレイプの数が急増し、今や「ヨーロッパのレイプ首都」になってしまっていると思うことだろう。

スウェーデンの国際的「聴衆」

「良いスウェーデンの物語」の聴衆は誰で、「悪いスウェーデンの物語」の聴衆はいったい誰なのだろうか。また、オルタナティブ・メディアがスウェーデンについて異なる絵を描いているからといって、それは問題になるのだろうか。

この質問に答えるべく、スウェーデンの評判についての「対象となる聴衆」を三つの「ユーザー」に分けて説明していく。

有識ユーザー

有識ユーザーは、スウェーデンについて平均以上の知識を有している少数の人々のことである。就労もしくは留学のためにこの国に住んでいるか、一回以上この国を訪れたことのある人々である。

彼らは、友人や同僚との交流、あるいはニュースをフォローすることによってスウェーデンとのつながりを維持している。もちろん、スウェーデンのことをよく知っており、おそらく多少のスウェーデン語を話すこともできるだろう。

彼らは、スウェーデンについて得た情報をちゃんとした文脈に位置づけることができ、その信頼性を評価する枠組みをもっている。スウェーデンに関する認識は、個人としての経験に基づいたものとなっているため、彼らはスウェーデンについて歪められた、もしくは誤った報道の影響を受けることはない。もしも、ある情報に疑いがあれば、彼らは元の情報源で確認することができるのだ。

また彼らは、非公式なスウェーデン大使を自任していることが多く、否定的な情報よりも好意的な情報を共有するケースが多い。

中立ユーザー

　一般的な大多数の人々が、この中立ユーザーとなる。彼らは、スウェーデンにかぎらず、自国以外のすべての国について中立の姿勢を保っている。たとえば、私はポルトガルについては中立ユーザーである。

　彼らは、一度ぐらいスウェーデンを訪れたことがあるかもしれないが、個人的なつながりをもっているわけではない。仕事や勉学からスウェーデンやスウェーデン社会についての知識を得ることはないが、スウェーデンの文化的・商業的な輸出品を買うことはあるだろうし、国内の主要メディアにおいて扱われるスウェーデンの記事をときどき目にすることもある。

　彼らがこの国について連想するものは、「イケア」のようなスウェーデンのブランドだったり、「ABBA《アバ》」や「長靴下のピッピ」（アストリッド・リンドグレー

マンケルの小説。創元推理文庫、2003年

アバミュージアムの飾られている人形（写真提供：森元誠二）

ンの童話）や「刑事ヴァランダー」（推理作家ヘニング・マンケルの警察小説）のような文化的なもの、もしくは美しさや福祉、清潔さといった、概して好意的で抽象的な性質だったりする。

有識ユーザーとは異なり、中立ユーザーはスウェーデンについて自分が得た情報の信頼性を評価するだけの枠組みをもっていない。彼らにとっては、スウェーデンに対する自らの認識を確認する情報よりも、困惑させる情報のほうが大きな衝撃を与える可能性がある。また、スウェーデンがどうなろうととくに気にしていないので、有識ユーザーよりもスウェーデンに関する否定的な情報を共有する可能性が高い。

抵抗ユーザー

抵抗ユーザーは、スウェーデンと個人的なつながりがあるわけでも、スウェーデン社会の動きについて特別な知識があるわけでもない。たまに、スウェーデンの文化的・商業的な輸出品を買うことがあるというレベルで、スウェーデンに関する知識量は中立ユーザーと同じ程度である。

抵抗ユーザーが中立ユーザーと異なるのは、彼らの価値システムが、イングルハートとヴエルツェルの図（五〇ページの**図1**参照）で言うところの「伝統的－生存的価値観」、つまりスウェーデンと正反対の側に位置づけられるということである。彼らは、中立ユーザーよりも「オルタナティブ・メディア」を視聴する可能性がはるかに高く、スウェーデンやスウェーデンらしさという美しいものが、「世俗－合理的価値観」や「政治的公正」に基づく現在の政策運営によって汚されていると感じている。

よって、このような見方を支持するスウェーデンに関する否定的な情報をたやすく受け入れる傾向があり、そのような見方に矛盾する情報に関してはなるべく信じないようにしている。彼らはスウェーデンについての否定的な情報を共有し、好意的もしくは中立的な情報に対しては口撃を加える。

『良いスウェーデン、悪いスウェーデン』の物語は有識ユーザーと抵抗ユーザーを対象としているわけだが、実は人数からしてもっとも重要となるのは、その中間に位置している中立ユーザーとなる。たとえば、スウェーデンに魅力を感じてほしい旅行者や、スウェーデン製品の消費者、あるいはスウェーデンで起業する際に必要となる能力をもった世界的な才能のもち主などである。

国外における良い評判に依拠して働いている者として懸念するのは、公平性を欠き、文脈から外れた形で発信され、抵抗ユーザーに届いたスウェーデンのニュースが大人数の中立ユーザーに知れわたっていくことである。最近起こっていることは、まさにこれなのだ。ソーシャルメディアの普及と否定的なニュースを共有したいという人々の傾向も、これにひと役買っている。「フィルターバブル」と呼ばれるように、自分の世界観を確認するニュースしか見ない傾向や、そうしたニュースのみを共有する傾向については多くの分析がなされているわけだが、それでも情報はこれらのユーザーたちの間を駆けめぐっている。ただし、より問題なのは、とくにイギリスの主要メディアがアメリカのキワモノのメディアに近づき、スウェーデンに関する否定的なニュースを再構成して、中立ユーザーと思われる聴衆に向かって発信していることである。

☆アメリカにおける「悪いスウェーデン」

スウェーデンに関して否定的な見方を喧伝しているニュースメディアの最たるものは、

〈ブライトバート〉（二四ページ参照）である。このサイトは、二〇〇七年にアメリカの保守評論家アンドリュー・ブライトバート（Andrew Breitbart, 1969～2012）によって立ち上げられた。当時、彼は、アメリカのメディアが左に寄りすぎており、反イスラエルに偏っていると感じていた［参考文献86参照］。

アンドリュー・ブライトバートは二〇一二年に亡くなり、スティーブ・バノン（Stephen Kevin Bannon）がこれを買収した。彼は、ドナルド・トランプの選挙活動を指揮し、二〇一七年八月に同社に戻るまで、ホワイトハウスの主席戦略官であった。彼自身の言葉を借りれば、彼のもとで〈ブライトバート〉は「オルト・ライトのプラットフォーム」になったという［参考文献87参照］。「オルト・ライト」とは、ナショナリストやポピュリスト、男性の権利についての活動家、ニヒリスト、陰謀論者、白人至上主義者などの集団を総称する非公式な用語である［参考文献88参照］。

もし、こうした人々を一つの考え方としてまとめるならば、それは超保守主義であり、政治的公正の激しい拒否ということになろう。オルト・ライトらが噛み付く問題として、ヨーロッパの難民危機に象徴される多文化主義ほどふさわしいものはないし、その粋を集めたものとしてスウェーデンほどふさわしい国はない。

オルト・ライトは今のところ主としてアメリカにおける運動であるが、〈ブライトバート〉のようなメディアに安定して話題を提供しているオルタナティブなニュースサイトのネットワークが存在するという意味でスウェーデンは、「ヨーロッパでもっともオルト・ライトな国」と呼ばれてきた〔参考文献89参照〕。

「ヘッドスカーフをつけないとレイプされる、とスウェーデンの女性が警告」〔参考文献90参照〕

「スウェーデンは暴力がひどすぎて、移民たちは戦場となった我が家への帰宅を検討」〔参考文献91参照〕

「恐怖におののくスウェーデン：ヨーロッパのレイプ首都では半数近くの女性が日没後の外出を怖がる」〔参考文献92参照〕

「移民流入のためにスウェーデンが崩壊に瀕している、と外相が警告」〔参考文献93参照〕

このような話題は、〈ブライトバート〉がスウェーデンについて扱う際において標準的なものとなっている。

二〇一七年の上半期、このサイトは、スウェーデンと移民が引き起こした大混乱について右記のような記事を一〇〇件以上掲載した。奇妙な「クリスマスの灯の物語」と同様、〈ブライトバート〉は正確な地方のニュース記事に基づきつつも、基本的な事実を文脈からそぎ落とし、センセーショナルで誇張されたものにして再び配信した。そして他方で、「移民レイプ危機」や「立ち入り禁止地区」といった言葉が、あたかも現状の描写として異論の余地がない形で言いふらされている。

（実は、スウェーデンに関する記事はこうしたものだけではない。ほかにも「スウェーデンの首相が同性婚を認めるよう神父に迫った」［参考文献94参照］、「キリスト教徒の幼児が聖書について話しているとき、『アーメン』と言うことを禁止された」［参考文献95参照］、「自分の性を変えたいというスウェーデンの子どもの数が毎年倍増している」［参考文献96参照］といった問題を扱った記事がいくつもある。）

「悪いスウェーデン」に関する記事の数では、〈ブライトバート〉は他のオルタナティブ・メディアの先を走っている。実際、このサイトは、まだ比較的小さなニュース会社にもかかわらず、スウェーデンに関する記事においてはフランスの〈ル・モンド（Le Monde）〉紙やイタリアの〈ラ・レプッブリカ（La Repubblica）〉紙を超えている。

〈ブライトバート〉は、アメリカの技術者で、ヘッジファンド「ルネッサンス・テクノロジーズ」の共同ＣＥＯであるロバート・マーサー（Robert Leroy Mercer）［参考文献97参照］が二〇一一年に一〇〇〇万ドルを出資して共同所有者となったことが広く知られている［参考文献98参照］。〈ブライトバート〉は、一か月の利用者数が二〇〇〇万人から四五〇〇万人を数え［参考文献99参照］、オルト・ライトの読者向けのニュース・コメントサイトとして最大の規模を誇っている。とはいえこれは、スウェーデンに関するニュースを好むメディアのうちの一つにすぎない。

ラジオの司会者で陰謀論者でもあるアレックス・ジョーンズ（Alexander Emerick Jones）が経営する〈インフォワーズ〉（八ページ参照）も〈ブライトバート〉と似たような路線である。

第1章で「クリスマスの灯の物語」に関する〈インフォワーズ〉の創作について述べたわけだが、さらに「スウェーデンについて教えてくれないこと」［参考文献100参照］とか「スウェーデンの自殺：レイプした外国人のうち国外追放されたのは五人に一人」［参考文献101参照］といった記事が加わっている。

活動家やブロガーはまだまだいる。たとえば、パメラ・ゲラ（Pamela Geller）は、二〇一六年一月に「ヨーロッパで内線勃発：ストックホルムの鉄道駅の戦い。限度を超えたイスラム移民の占拠」と投稿し、「スウェーデンの街はテロリストのたまり場となった。違法行為が蔓延し、暴力犯罪が急上昇。暴力とテロと恐怖の日常」［参考文献102参照］などと大げさに書き立てている。

アレックス・ジョーンズやパメラ・ゲラといった評論家たちの言うことを気にするべきなのだろうか。気にすべきだ！　なぜなら、大勢の人々が彼らをフォローしているからだ。

トランプ大統領は〈インフォワーズ〉をフォローしているとされているし、二〇一五年にはジョーンズのラジオ番組にも出演している［参考文献103参照］。この番組は一六〇にも上る他の放送局にも配信されており、ジョーンズの放送はユーチューブで一〇億回以上もの視聴数を誇っているのだ。大統領選挙に勝利したあと、トランプはアレックス・ジョーンズに電話をして支援に対する礼を言い、彼の影響は「何者にも劣らない」［参考文献104参照］と述べたとされている。

〈インフォワーズ〉には、フェイスブックで八〇万人以上のフォロワーがいる［参考文献105参照］。一方、パメラ・ゲラには、フェイスブックで一〇〇万人以上のフォロワーがいる［参考文献106参照］。二五年前、同じような情熱と説得力をもった評論家がいたとしても、彼らは地元のラジオやケーブルテレビで少数の視聴者の注目を集めるか、ビラを配る程度のことしかできなかった。しかし現在、これらの評論家たちは、無限につながる世界において影響力の拡散基点となっている。

彼らは、ニュース配信会社であれば大喜びするようなフォロワー数を誇っている。比較してみると、スウェーデンの一般紙〈ダーゲンス・ニュヘテル（Dagens Nyheter）〉のフェイスブックのフォロワー数は二〇万人にも満たない［参考文献107参照］。スウェーデンでもっとも人気のあるタブロイド紙〈アフトンブラーデット（Aftonbladet）〉でさえ四〇万人弱である［参考文献108参照］。

ところで、〈ブライトバート〉や〈インフォワーズ〉がスウェーデンについて否定的な情報を送り出すとどんな問題が起こるのだろうか。バランスや文

ダーゲンス・ニュヘテル紙（左）とアフトンブラーデット紙（右）（撮影：松本秀久）

脈を欠いた情報を提供してはならないという法律はない。どれほど都合が悪かろうが、何をどのように書くかは彼らの権利だし、その記事の読み手は、スウェーデンが外国で評判を高めるうえにおいて、おそらくもっとも優先すべき人々ではない。スウェーデンにとっては、〈ブライトバート〉の読者は「抵抗ユーザー」でしかないし、スウェーデンに対する影響においては常に外側にいることが明らかである。

しかし、問題となるのは、これらのユーザーの区分けがはっきりしないことである。「悪いスウェーデンの物語」に関する炎が、抵抗ユーザーから中立ユーザーに燃え移ることを食い止めるための防火扉はどこにもないのだ。そして、〈ブライトバート〉には、中立ユーザーの読者が何百万人もいることを忘れてはならない。

イギリスにおける「悪いスウェーデン」

〈デイリーエクスプレス（Daily Express）〉や〈デイリーメール（Daily Mail）〉は、何十年にもわたってイギリスのニュースメディアの中間層を占めてきた。〈ザ・サン（The Sun）〉

や〈デイリー・ミラー（The Daily Mirror)〉などの大衆タブロイド紙と、〈デイリー・テレグラフ（The Daily Telegraph)〉や〈ガーディアン〉などの立派な一般紙との間に位置づけられ、ニュースやスポーツ、芸能界のゴシップなどに関して、極端とも言える強い意見によって中間層を楽しませてきた。

〈デイリーエクスプレス〉は、前世紀の半ばに日刊四〇〇万部以上というピークを迎えた［参考文献109参照］。現在は日刊四〇万部程度でしかないが、ウェブサイトの一か月の利用者数は九二〇万人となっている［参考文献110参照］。スウェーデンの王女たちやサッカーのスター選手に関するいくつかの記事を除けば、〈デイリーエクスプレス〉によるスウェーデンの描き方は〈ブライトバート〉に似ている。以下がその例である。

スウェーデン倒壊：悪党がマルメを「立入禁止区域」に変え、軍隊の介入を要請［参考文献111参照］

戦場となったスウェーデン：悪党が花火を群集に放ち、マルメは安全でないことを警察が認める［参考文献112参照］

スウェーデンの危機が「政治的に公平な」メディアによって「暴かれつつある」と、ナイジェル・ファラージ（Nigel Farage・イギリスの政治家）が警告［参考文献113参照］

スウェーデンの暴力：警察が、危機に瀕した「立入禁止区域」での決死の撃ち合いのあとに手りゅう弾を発見［参考文献114参照］

スウェーデンが限界点に：暴力犯罪が増加し、警察が支援を緊急要請［参考文献115参照］

無法地帯のスウェーデン：暴力的な移民の若者がショッピングセンターを「立入禁止区域」に――政府筋［参考文献116参照］

暴力、崩壊、戦場、政治的公正、立入禁止区域、限界点、無法地帯――〈デイリーエクスプレス〉の読者にとっては、これが現代のスウェーデンとなる。

同紙の歴史をよく知る者にとっては、それほど驚くべきことではない。遡ること一九四八年、同紙のオーナーであったビーバーブルック卿（Beaverbrook, 1879～1964）は王立委員会に対して、同紙について「純粋な布教計画である、と考えている」〔参考文献117参照〕と述べている。

一九六〇年代後半、〈デイリーエクスプレス〉はイギリスの欧州経済共同体（EEC）への加盟にもっとも反対していたメディアであった。同紙は、二〇〇〇年に億万長者のメディア王リチャード・デズモンド（Richard Desmond）に買収されたが、彼はイギリス独立党に潤沢な寄付を行っている〔参考文献118参照〕。

〈デイリーエクスプレス〉の内容がマルメに集中していることを考えると、二〇一七年五月の記事は、同紙がバランスを取ろうとしているというよりも、スウェーデンに対する同紙の編集方針が不誠実であることを証明している。同紙の「スウェーデンの流行都市マルメをカヤックで探検」という旅行記事において記者は、「地元の人々が律儀に守っているコーヒーとケーキのスウェーデンの伝統」を楽しみ、「どの角度から見ても、マルメはスカンディナヴィアの魅力が詰め込まれた真の宝だ」と結んでいるのだ〔参考文献119参照〕。

この記者は、熱烈な旅行記によって同紙の方針を大きく外してしまったのかもしれないが、この記事の下に付されたコメントは例のごとくであった。

「ああ、分かったよ。みんなで行って、娘たちがレイプされればいい」と一人が言えば、同じ調子で、「スウェーデンに行くなら、催涙スプレーとナックルダスターを持っていくんだ。さもなければ、強盗とレイプに遭うぞ。お前次第だ」と続いている。スウェーデンの旅行業者が、この記者のマルメ訪問に関して費用を負担していないことを祈るばかりである。

長年にわたって〈デイリーエクスプレス〉のライバルである〈デイリーメール〉の発行部数は日刊一五〇万部であるが、ネット上では世界的な大企業となっている。一日当たり一五〇〇万件以上、一か月に二億二〇〇〇万件のユニークビジター数（サイトにアクセスした機器の数であって読者数ではない）を誇り、世界最大のニュースサイトの一つとなっている［参考文献120参照］。

ビキニや下着をつけた（または外した）有名人が並ぶ伝説の「恥のサイドバー」に勢い付けられて、毎日大量の記事を配信している。そのなかには、スウェーデンについての風変わりなニュースや、王室とか楽しい大自然といった昔ながらのテーマを扱った記事も含まれている。しかし、伝統主義、反欧州連合、反移民の論調を強く推し進めていることから、スウェーデンが標的となっていることだけは間違いない。

ヨーロッパでもっともリベラルな国は、移民の攻撃について、いかにその国民の口を塞いでいるのか：難民の流入に関する真実を隠すスウェーデンの陰謀［参考文献121参照］

「外国人」による性犯罪の多発後、スウェーデンの街で、女性が夜に一人で外出しないように警告［参考文献122参照］

介入不能——移民が支配する無法の難民申請者センター：六〇〇人の難民に対して職員がたった二人の施設で一〇歳の少年がレイプされた。警察が入れない荒れ果てたスウェーデンの保護施設［参考文献123参照］

スウェーデンについて、トランプは正しかったのか？：スウェーデンの犯罪と移民に関する発言で大統領がバカにされる。アンドリュー・マローン（Andrew Malone）が、世界に最たるパソコン王国から不穏な報告［参考文献124参照］

女性が歩くのが怖い場所：ケイティ・ホプキンス（Katie Hopkins・コラムニスト）が

――スウェーデンから報告。スカンジナビアのリベラルな楽園では、怖がる女性が通りから姿を消し、移民に関する沈黙と自己検閲の陰謀が真実を隠ぺい［参考文献125参照］

〈デイリーメール〉のスウェーデンに関する記事は、ロンドンにあるスウェーデン大使館も気付いていた。二〇一六年のスウェーデン外務省への報告には、〈デイリーメール〉が「スウェーデンの移民政策に反対する運動を開始した」と書かれていた。同報告書には、「イギリスの受け入れ難民数の拡大に反対する運動にスウェーデンが利用された」とあり、〈デイリーメール〉はスウェーデンを「うぶで、リベラルな移民政策の悪い結果の例」と見なしている、とはっきり述べられている［参考文献126参照］。

〈デイリーメール〉がこのようなメッセージを発信しているとして、誰がそれを受け取っているのだろうか。〈デイリーメール〉自身が発表している二〇一四年以降のアクセス統計によれば、七三パーセントの読者がアメリカ、イギリス、カナダ、オーストラリアにいる。そして、スウェーデンにも毎月八〇万人以上の読者がいるのだ。この数字は、スウェーデンにおける大半のニュースサイトよりも多い。

〈デイリーメール〉の内容は、次のスウェーデンの選挙にいかなる影響を与えるのだろうか。

スウェーデンの政党にとっては新たな問題だが、次の選挙における戦いの一部は国際的なメディアのもとで行われることを、彼らは理解しておく必要がある。

第4章 突然変異

ヨーテボリ駅（出典：伊藤和良『スウェーデンの分権社会』新評論、2000年、8ページ）

前章の最後に掲載した記事の責任者である評論家ケイティ・ホプキンスは、毎週二〇〇万人のリスナーを集めるイギリスのラジオ局「LBC」の司会者であった〔参考文献127参照〕。「LBC」は、人気があると同時に影響力があり、ジャーナリズムにおいては主流であるうえに高い尊敬を集めている。しかし、リスナーが電話で意見を流し、そこで議論するという「LBC」の方式は、バランスの取れた司会者よりもホプキンスのような物議をかもす司会者に依存してきたとも言える。

二〇一七年にはナイジェル・ファラージ（Nigel Farage）を起用したが、彼は欧州議会の議員であり、イギリス独立党を通じて反欧州連合的な行動を取ったことで知られている。また、欧州連合（EU）脱退に関する国民投票の強行を促した人物でもある。

☆スウェーデンのレイプ件数

二〇一六年六月、イギリスが辛うじて欧州連合（EU）脱退を決めた国民投票のあと、ファラージはイギリス独立党の党首を辞任した。彼は政治評論家となり、アメリカの共和党集会で演説をしたり、「フォックス・ニュース（FOX News Channel）」に出演したほか、「LBC」で夕方に放送されている「電話ショー（phone-in show）」の司会をこなすようになった。

彼がスウェーデンに目を向けるまでに時間はかからなかった。ドナルド・トランプが「昨夜スウェーデンで」と話した二日後、ファラージは自分の番組でその件について議論をしている。彼は、トランプが特定の事件について触れたわけではないことに気付いていたが、リスナーに対して論点をより明確なものにした。

> 旅行という意味では、（トランプが）言ったことは非常に価値がある……スウェーデンは若い男性の移民を他のどの国よりも受け入れており、スウェーデンにおける性犯罪は劇的に上昇している。その結果、マルメは今やヨーロッパのレイプ首都となっている。世界のレイプ首都だという者もいる。しかし、スウェーデンのメディアはそれを報じていない。［参考文献128参照］

ファラージのコメントはイギリスと国際メディアに広く報じられ、このラジオ番組のビデオクリップが含まれた彼のツィートは一万三〇〇〇回以上リンクされた〔参考文献129参照〕。さらに論点を明確にすべくファラージは、以下のようにツイートしている。

「スウェーデンのマルメは、欧州連合の移民政策のせいでヨーロッパのレイプ首都になった。問題がないと言う人はウソをついている」

スウェーデンのマルメがレイプ首都であるという考えは、「スウェーデンの女性」と「安全なスウェーデン」という二つのありふれた連想を一度に否定するがゆえに、非常に注目を集めた。この「レイプ首都」という言葉はファラージがつくったものではなく、「ゲイトストーン研究所（Gatestone Institute）」が二〇一五年二月に発表した記事〔参考文献130参照〕以来、〈ブライトバート〉を含む反移民の仲間内で広く用いられているものである。この研究所は、さまざまな政策分野で「主流メディアが報道しないことを人々に教えることに専念する」〔参考文献131参照〕と自らを説明する右翼のシンクタンクである。

しかし、ファラージがコメントしたことによって「スウェーデン　レイプ」というグーグル検索数が急増し〔参考文献132参照〕、彼が真実を語っているか否かという議論が国際メディアで巻き起こることとなった。

スウェーデンの国家犯罪防止協議会は犯罪に関する大量のデータを一般に公開しているが、

その代表的な数字をいくつか選んで分析してみると、ファラージが正しいことを言っているように思われる。しかし、多くのスウェーデンの分析者や評論家たちは、件数の増加にはさまざまな理由があると言って、彼の発言に対して反論を行っている［参考文献133参照］。

問題となるのは、ファラージのような主張をするのは簡単だが、それを否定することはかなり難しいということだ。しかし、スウェーデンでレイプが急増したという見解が国際的に衝撃を与え、自殺神話のようにまとわりついている以上、こうした議論についてもう少し詳しく見ておく必要がある。

「レイプ首都」の主張は、通常、スウェーデンにおける市民一〇万人当たりのレイプ報告件数が他の国々よりもずっと高いという形で示される。しかし、レイプ――これはいかなる犯罪についても同様だが――の報告件数を国際的に比較することは、犯罪統計の収集方法に関する国際標準が存在しないために不正確なものとなりやすい。

いくつかの国では、一人の加害者が一人の被害者に対して類似の犯行を重ねた場合、それを一件と見なしている。ところが、スウェーデンでは、それぞれの犯行を一件ずつとしてカウントしている。つまり、スウェーデンにおける犯罪報告件数には、のちに有罪とならなかったものや未遂のものも含まれているということだ［参考文献134参照］。

図2　スウェーデンにおける10万人当たりのレイプ報告件数

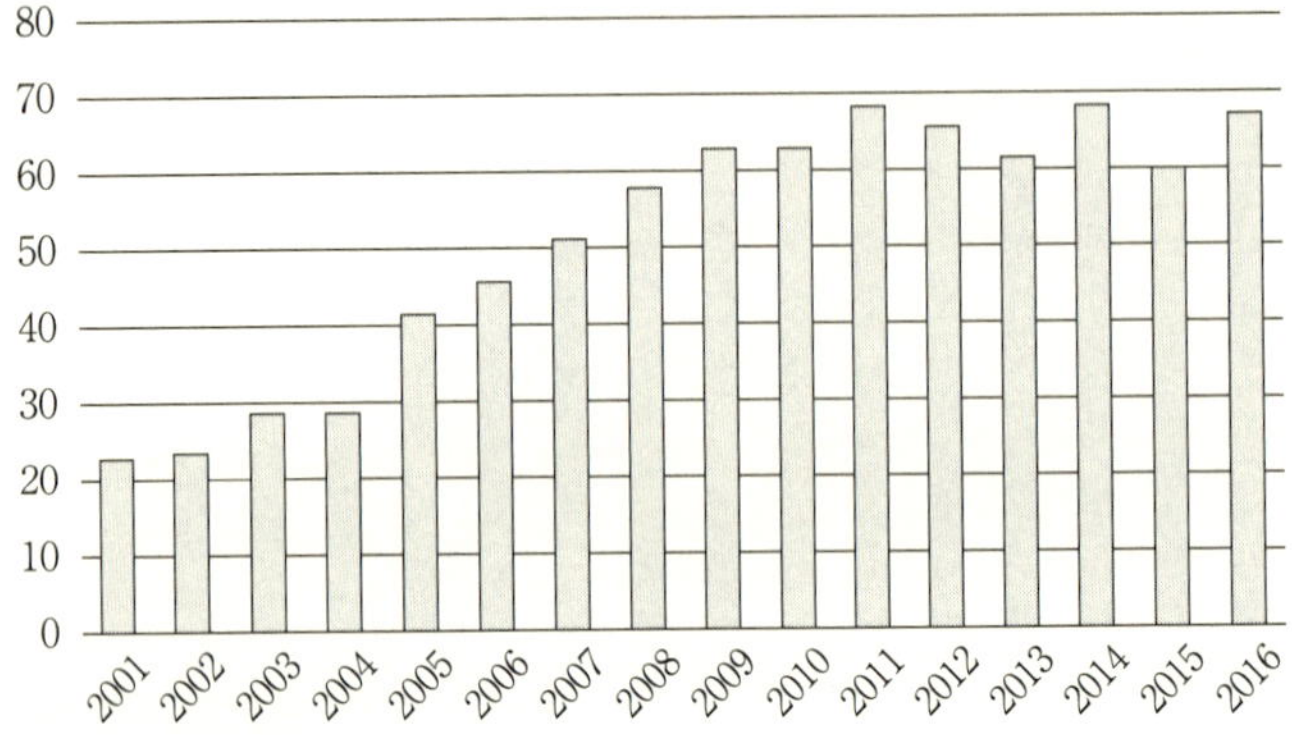

出所：国家犯罪防止協議会、2017年によるデータ。

レイプ件数を国際的に比較することが賢明なものでなかったとしても、ファラージが指摘したような、二〇一五年秋における難民の大量受け入れ後にスウェーデンのレイプ件数が「劇的に上昇」したことを確認することはできるのだろうか。無論、たった一年のデータから因果関係を結論づけることはできないが、少なくとも二〇一六年のデータがそれ以前と比べてどうであったのかについては見ることができる。

図2を見ると、二〇一六年における一〇万人当たりのレイプ報告件数は確かに二〇一五年よりも増えている。しかし、二〇一四年と二〇一一年よりは少ない。ただし、このグラフでもっとも驚くべきことはそこではない。もっとも驚くべきことは、二〇〇五年から二〇一一年にかけて急激に増

えているという点である。

　二〇〇五年にスウェーデンはレイプの定義を大幅に拡大し、他の国々では強制わいせつや暴行とされる行為も含まれるようになった。そして、その八年後に定義がさらに拡大し、被害者が眠っている、意識がない、酔っている、他の薬物の影響下にあるといった場合には同意が得られたと見なすことができない、とされている。これらの変更後にレイプ件数が増えたことは、特段驚くべきことではない。

　マルメにおけるレイプ件数は国全体のパターンと大体同じであり、二〇一〇年まで急増したあとは横ばいで推移している。興味深いことに、マルメの一〇万人当たりのレイプ報告件数の平均値は、二〇一一年までスウェーデンの全国平均を上回っていたが、近年は変化しているのだ。二〇一二年から二〇一六年まで、マルメにおける一〇万人当たりのレイプ件数は平均六一件であったが、全国平均は六五件となっていた。

　国家犯罪防止協議会は、二〇〇七年以降のスウェーデンにおける犯罪被疑者数も公表している。次ページの**図3**に示すとおり、レイプの被疑者数は二〇〇九年以降ほぼ変化していない［参考文献135参照］。二〇一五年におけるスウェーデンの犯罪情勢について、国家犯罪防止協議会は次のように述べている。

図３　スウェーデンにおけるレイプ被疑者数

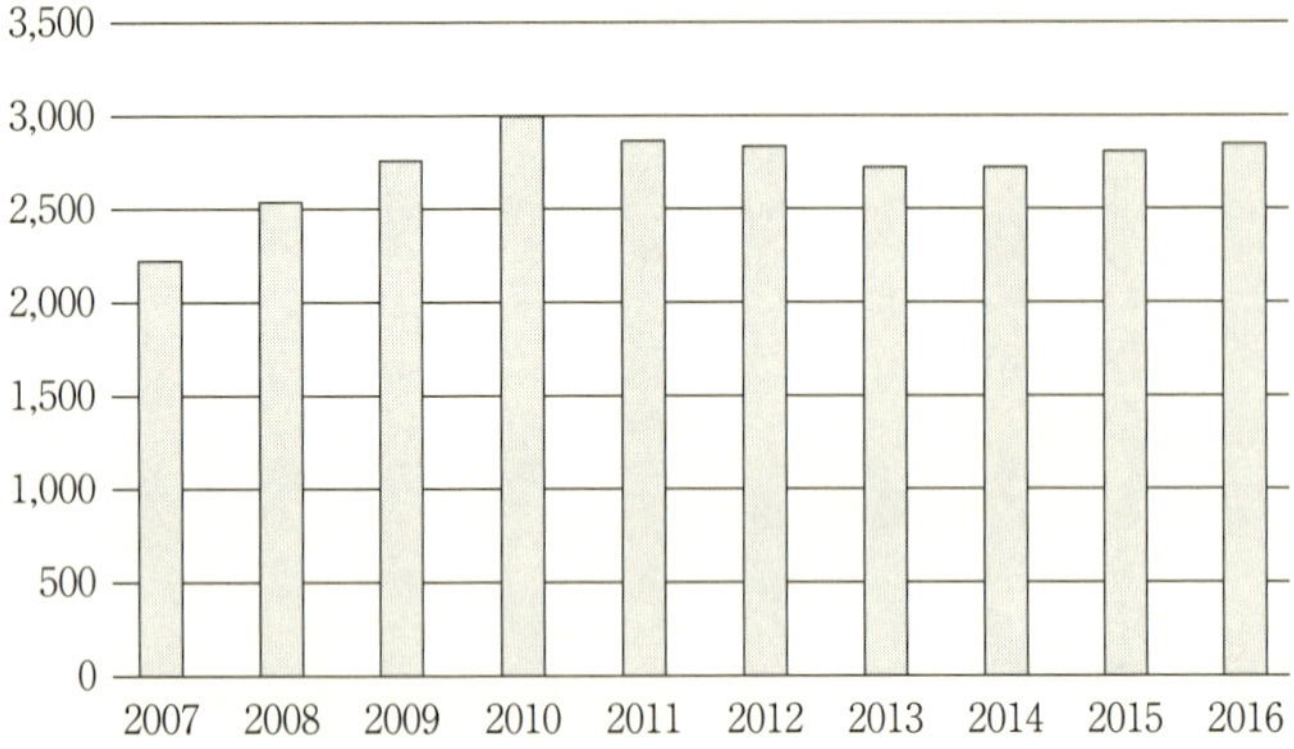

出所：国家犯罪防止協議会、2017年によるデータ。

「医療ケア制度のデータによると、性的暴行を理由として医療ケアを受けた人数に増加は見られない」〔参考文献136参照〕

　性犯罪の割合を比較するほかの試みとして、犯罪報告件数ではなく、犯罪被害者統計に当たるという方法がある。ヨーロッパの女性に対する暴力についての調査研究は、欧州連合基本的人権庁が二〇一四年に公表している。それによると、調査対象となったスウェーデン人女性の一八パーセントが、「一五歳以降に性暴力の犠牲になったことがある」と答えている。この数値はオランダと同じで、デンマーク（一九パーセント）よりは低く、フィンランドよりも一パーセント高い。

　これらの国々の割合はヨーロッパでもっとも高いものだが〔参考文献137参照〕、同研究の結論にもあるように、各国の価値観の違いによって、女性が性暴力を報告する意欲水準の違いにつながっている可能性がある。研究報告には次のように記されていた。「男女平等は、女性に対する暴力を暴露する水準に関係している。より平等な社会ほど、女性に対する暴力事件が公に語られる可能性が高い」〔参考文献138参照〕

我々が知っているように、スウェーデンは男女平等の価値観において並外れたものとなっているため、スウェーデン人の女性が性暴力を報告する際、他国の女性よりも負い目に感ずる度合いが小さいという可能性がある。オランダ、デンマーク、フィンランドといった、男女平等に関してはスウェーデンと同様の態度を取る国々（原注）においても同じような数値が示されているという事実は、この考えを支持しているように思われる。

犯罪データのなかで、加害者の出身国や、それに類似したカテゴリーを国家犯罪防止協議会は記録していない。スウェーデンでは、それらを記録すべきかどうかについて論争の的となっているが〔参考文献139参照〕、データを収集していなければ加害者の国籍についての主張は想像の域を超えないものとなる。

（原注）ただし、これらの国々は、移民に対してはスウェーデンとは非常に異なる態度を取っている。

しかし、スウェーデンの移民政策によって性犯罪が「劇的な増加」を見たというナイジェル・ファラージの主張は、国際的にとても広く知られることになった。その主張には抵抗し難く、スウェーデンの価値観について劇的な疑問を呈することになった。そして、アイゼンハワーの自殺に関する発言と同様、聴衆はその答えに固執することはなかった。

現実的には、先に示した「有識ユーザー」のみが、詳細を確認するレベルの注意をスウェーデンに傾けたのである。もし、あなたが「抵抗ユーザー」ならば、二〇一七年の初めに記事が頻発したときに「こうなることは分かっていた」と、「レイプ首都」としてのマルメあるいはスウェーデンに対する確信を強めたことだろう。

スウェーデンや国際的な専門家がレイプの報告件数が高い要因として示した、レイプの定義の広さ、同じ加害者と被害者の間で繰り返された事件を複数回と見なす数え方、そして男女平等社会のほうが性暴力を報告しやすいといった傾向は大して重要ではなく、スウェーデン政府が真実を隠そうともち出したちっぽけな知識や証拠でしかない。

もし、あなたが「中立ユーザー」ならば、ナイジェル・ファラージとその後の拡散のおかげで、この主張に初めて出合ったかもしれない。あなたは、おそらく驚いて腹を立てるかもしれないが、スウェーデンに特段の興味をもっているわけではないだろうから、腹を立てるのは、ほかのことに関心が移るまでのほんの一瞬でしかないだろう。とはいえ、多少の記憶が残るかもしれない。

☆ニュースの内容はどのように変異するのか

「移民の若者」による暴動、当局に見捨てられた「立ち入り禁止区域」、レイプの統計、「クリスマスの灯」の禁止と、これまでさまざまな事例を見てきたわけだが、それによって、事実がどのようにして破壊的で強固な神話となって多くの人々に届くのか、その過程が明らかになってきた。

その過程は、本物の、検証可能な話が常に出発点となっている。つまり、スウェーデンで、スウェーデン語によって報道される信頼のあるニュース源から、一般に認められたジャーナリズムの基準に従って広まったものである。

たとえば、二〇一七年一月一四日に「ノードスタン――日常の犯罪の風景」という記事がタブロイド紙の〈エクスプレッセン（Expressen）〉に掲載されている。この記事は、ヨーテボリのノードスタンというスウェーデン最大のショッピングモールで、店の閉店後に若いギャングが集まっているという興味深い問題を扱ったもので〔参考文献140参照〕、クラース・ペターション（Claes Petersson）というジャーナリストが、店の店主や警察、民生委員、若者たちから話を聞き、市内中心部のショッピングセンターが薬物や暴行、窃盗、脅迫などといった多数のひどい問題に直面している状況を公平に描いたものである。

　ペターションが記しているように、若者の多くはヨーテボリの郊外から集まってきた人たちだが、アフガニスタンやシリアなど、最近やって来た移民の子どもたちもそこに含まれていた。

　記事は、ヨーテボリで対応しなければならない深刻な社会問題があることを示しているわけだが、すべてが悪いということではない。実は、記事に引用された警察統

ノードスタン・ショッピングモール（撮影：リカルド中村）

計によると、二〇一六年の犯罪報告件数は二〇一五年を五・五パーセント下回っており、ショッピングモールでは概して治安の悪化は見られなかった、と警察分析官のトーマス・ペターションは述べている。

事実、暴力犯罪は三年連続で減少傾向にあり、二〇一六年の犯罪報告件数は、過去最高だった二〇一三年と比べると三〇パーセントも少なかった。二〇一三年というのは、多数の難民申請者がヨーテボリに到着する二年も前のことである。

その翌日、我々は最初の変異を目にすることとなった。〈アヴピクスラット（Avpixlat）〉という極右のスウェーデン民主党とかかわりのあるニュースサイトが〈エクスプレッセン〉の記事を取り上げたのだ〔参考文献141参照〕。

二〇一七年九月、〈アヴピクスラット〉は社会ニュースという意味の〈サムヘルスニット（Samhällsnytt）〉と改名して編集部を拡大し、スウェーデン民主党の元政治家と同党の職員を加えた〔参考文献142参照〕。この改変の前に〈アヴピクスラット〉は、「スウェーデンの移民政策と、政治的決定や報道機関の背後にある文化相対主義に関する不快な真実と意見を提供する」〔参考文献143参照〕と述べていた。

〈アヴピクスラット〉は〈エクスプレッセン〉の記事を「ヨーテボリのショッピングモール

の無法地帯」という見出しに換え、移民に関する部分のみを取り上げた。〈アヴピクスラット〉が自社の編集方針によってこの話を取り上げるのは勝手だし、この時点におけるスウェーデンの評判への打撃は地元だけに限定されたものであった。このサイトは（改変後も含めて）スウェーデン語で書かれており、この記事の読者なら誰でもこのサイトの立場をわきまえているからだ。

しかし、〈アヴピクスラット〉の記事から一、二時間後、この話はニュース専門局の「ロシア・トゥデイ（ＲＴ）」のウェブサイト〈RT.com〉に取り上げられた。「ＲＴ」では、オルト・ライト（七五ページ参照）の思想というよりも、ロシアと欧州連合（ＥＵ）との緊張関係や、スウェーデンと北大西洋条約機構（ＮＡＴＯ）の関係といった地政学的な観点からニュースが選定されている。ただし、結論は同じで、スウェーデンが移民の流入に耐え切れず、崩壊寸前であるという内容になっている。

「ＲＴ」は、「報告：スウェーデン最大のショッピングモールが移民とギャングによって『立入禁止区域』に」という見出しを付け、〈アヴピクスラット〉と同様、すべて〈エクスプレッセン〉の記事に基づいて書かれている［参考文献144参照］。ただし、この記事には、「伝えるところによると売上は大きな打撃を受けた」という勝手な脚色が加えられていた。

元の記事には、売上についての記述はない。そもそも、問題が発生したのは閉店後であるため、売上に影響を受けることはありえないのだ。同記事は次のように結んでいる。

その結果、このショッピングモールは午後八時以降、ほぼ完全な無法地帯となる。地元の報道記事によれば、ここも他の地域と同じように今や立入禁止区域となった。これは通常、路上強盗や押入強盗、迷惑行為、性暴力などの危険な事件が認められたということを意味する。二〇一六年九月時点で、立入禁止区域は五五か所に増加している。

〈エクスプレッセン〉の記事では「立入禁止区域」については触れていないし、ノードスタンは、二〇一七年六月に警察が公表した「脆弱地区リスト」にも含まれていない。「RT」は一日三〇〇万人、一か月五〇〇〇万人のユニークビジター(1)を誇っており〔参考文献145参照〕、「RT」がこのように文脈から切り離したスウェーデンのニュースを流すと、そ

---

(1)（UNIQUE VISITOR）ウェブサイトへの訪問者（ビジター）を重複カウントしないで算出した人数のこと。たとえば、一人のユーザが一〇ページを見た場合、ページビューは「10」となるが、ユニークビジターは「1」になる。

の衝撃は深くて広くなる。実際、イギリスの〈デイリーメール・オンライン〉や〈デイリーエクスプレス〉がすぐあとにこの話を扱っている。〈デイリーメール・オンライン〉のほうは「RT」が掲載した記事の単なる焼き直しであったが、その見出しは、「スウェーデン最大のショッピングモールが立入禁止区域と見なされ、警察は大量の攻撃について、同国に入国した親のいない若者たちを非難」［参考文献146参照］というものであった。

そして、この三回目の言い直しにおいて真実はさらにぼかされ、ノードスタンは「邪悪な行動の急増を見た」とか、「〈エクスプレッセン〉によれば、こうした問題によってショッピングモールが立入禁止区域になった」といった主張がなされている。

我々は知っていることだが、これらの主張のうち正確なものは一つもない。しかし、世界で最大のニュース・ウェブサイトがこのように書けば、そのメッセージは増幅され、広く評判を傷つけることになる。

突然変異の最終段階は「埋め込み」である。これは元の公平な記事よりも偏りがあり、文脈から切り離された記事のほうがグーグルでより広まる場合に発生する（当然、英語で書かれた後追いの記事のほうが、不当に重く扱われることになる）。

図４　ニュース記事の突然変異

1 報道	2 偏った観察	3 文脈からの切り離し	4 増幅	5 埋め込み
地元の主流のニュース提供者	地元の極端な思想のニュースサイト（地元語）	国際的に極端な思想のニュースサイト（英語）	国際的に主流のニュースサイト（英語）	グーグルとフェイスブック
本物の検証可能な話	評判に対する地元の限定的な打撃	限定的な国際的打撃	広範な国際的打撃	永続的な国際的打撃

本書の執筆時点では記事が出てから六か月以上が経っているが、「ノードスタン　ヨーテボリ」で検索すると六番目に〈デイリーメール〉の記事が現れる［参考文献147参照］。もしも、あなたが世界的な小売ブランドのオーナーで、自分の店をスウェーデンの大型ショッピングセンターの一つに設置しようと考えていた場合、この記事によってあなたは考え直すことになるかもしれない。また、若いギャングたちはノードスタンの売上に打撃を与えているわけではないが、このような内容が世界中に広まれば、本当に打撃を与えることにもなるだろう。

以上をまとめると次のようになる。

まず、本物の検証可能な記事が地元の極端な思想のサイトによって取り上げられ、自分たちの主張を支持すべく偏った観察がなされる。それによる打撃は、まだ地元だけの限定的なものである。しかし、それは国際的なニユースサイトによってさらに文脈から切り離され、国際的に主流とされるニュースサイトによって増幅され、グーグルやフェイスブックによって埋め込まれることでスウェーデンの評判は永続的に国際的な打撃を受けるというわけだ。

しかし、これで終わりではない。一度こうした話がフェイスブックに投稿されれば、その見出しのメッセージは、元の記事の何倍も速く広まっていく。

スウェーデンが「イスラム教徒の移民を不快にさせないために」クリスマスの灯を禁止したという、マイロ・ヤノプルス（九ページ参照）のフェイスブックの投稿は四万五〇〇〇回シェアされた。その投稿を見た人が何人いるかは、結局のところ、投稿をシェアした人に友人が何人いるかによって決まる。フェイスブックのユーザーが平均三三八人の友人とつながっている［参考文献148参照］ことから計算すると、「クリスマスの灯」という投稿は、ヤノプルスの二〇〇万人のフォロワーに加えて、一五二〇万人のフェイスブックのフィードに表示されたことになる。

最近の研究によると、フェイスブックの投稿のうち見られているのはわずか六・五パーセントだそうだが、それでも一一〇万人以上の人々に見られている計算となる［参考文献149参照］。〈デイリーメール〉のケイティ・ホプキンス（八六ページ参照）の記事は、それ自体が一二〇〇万人にフォローされ、一万七五〇〇回シェアされている。そこから推計すると、約一二〇万人に見られていることになる。「ＲＴ」、〈デイリーメール〉と〈デイリーエクスプレス〉によるノードスタンの話の変異型は一万五六〇〇回シェアされているので、同じくらいの人数に見られていると考えることができる。

次章で見るように、状況は「悪いスウェーデンの物語」を広めたいと考えている連中にとって有利に働いている。悪いニュースほど速く広く伝わるものだ。一般のジャーナリストは、事実を確認する資質をもつことなく、多くの記事を大量生産しなければならないという重圧にさらされている。そして、ソーシャルメディアの利用者は、元の情報を確認することなくシェアをしてしまう。言うまでもなく、一度記事が出てしまうと、大半の人がスウェーデンのことを気にかけていないため、複雑な訂正がされても聞く耳をもたない。

我々は、まだフェイクニュースについては話をしていないことを忘れないでいただきたい。

＊＊＊

我々は、地元の極端な思想のニュースサイトからアメリカの大統領まで、さまざまな経路を通じて世界に届いたスウェーデンのニュースの例を多数明らかにしてきた。ところで、これらの発信源はつながっているのだろうか。

大半のニュースは、内容のシェアについて正式な合意をすることなく伝えられ、ジャーナリストは自分の聞き手たちに見合った話を提供してくれるサイトを定期的にチェックしている。そして、ソーシャルメディアの集団が価値観に基づいて形成される、いわゆるフィルターバブルの存在を鑑みれば、同じニュース・ブランドとブロガーがスウェーデンについての見方を互いに反響させていたとしても驚くことはない。

ただし、スウェーデンに関する「オルタナティブの物語」という次元の地図が描けるような、非常に明白であからさまなつながりもいくつか見られる。上のほうから言うと、億万長者のヘッジファンド・マネージャーであるロバート・マーサー（七七ページ参照）は、ドナルド・トランプの選挙運動だけでなく、トランプのホワイトハウス就任を促すような一連の政治活動についても金銭的に支援していたことが広く報道されてきた［参考文献150参照］。

先に触れたように、マーサー一家は〈ブライトバート〉の共同所有者である。〈ブライトバート〉の社長であるスティーブ・バノン（七五ページ参照）は、トランプの選挙運動に投票日の数か月前から参加したが、すでにマーサー一家とは確立した関係を築いてきた［参考文献151参照］。

イギリス政府においては何の役割も与えられていなかったが、ドナルド・トランプが二〇一六年一一月の大統領当選後に会談した最初の外国人政治家の一人がナイジェル・ファラージ（八三ページ参照）であった〔参考文献152参照〕。ファラージがイギリス独立党の党首だったとき、同党は〈デイリーエクスプレス〉紙の所有者であったリチャード・デズモンド（八四ページ参照）から一〇〇万ポンドの寄付を受け取っている〔参考文献153参照〕。

また、二〇一五年、ナイジェル・ファラージの事務所の責任者は、〈ブライトバート〉がロンドン事務所を立ち上げた際にそこの編集長になっている〔参考文献154参照〕。欧州議会においてイギリス独立党は、スウェーデンのナショナリスト政党であるスウェーデン民主党〔参考文献155参照〕と同じく、「自由と直接民主制の欧州グループ」に所属している。

スウェーデン民主党は、誰かに国際的な舞台で語ってもらう必要がなかった。トランプの「昨夜スウェーデンで」事件の三日後、同党はメディア王ルパート・マードック（Keith Rupert Murdoch）が所有する格式高い〈ウォール・ストリート・ジャーナル（The Wall Street Journal: WSJ）〉紙に驚くべき登場をした。

「トランプは正しい。スウェーデンの難民受け入れは機能しない」とした論説で、党首のジミー・オーケソン（Jimmie Aakesson）と議員団の長であるマティアス・カールソン

(Mattias Karlsson) は、「トランプ氏は、スウェーデンの現在の問題を誇張していたわけではない。それどころか控えめであった」〔参考文献156参照〕と論じている。そして彼らは、「二〇一四年以降にやって来た難民申請者数を強調し、暴動と社会不安が日常の一部となってしまった」と述べた。

その記事は、高い階層で影響力のある国際的な読者に向けて、二〇一〇年に発生した自爆テロ未遂事件やフスビーの暴動（一四ページ参照）、銃とギャングによる暴力事件の増加、反ユダヤ主義の高まり、性犯罪の増加、高い移民の失業率、スウェーデンの文化に対する攻撃といったおなじみの話を、「殺風景で無法地帯となった壊れた国」という暗いイメージのなかに織り込みながら伝えていた。

ドナルド・トランプの「アメリカを再び偉大な国にする」という選挙運動のスローガンに反響させる形で、オーケソンとカールソンは、「スウェーデンを再び安全な国にする」まで努力を続けると約束している。

スウェーデンの国際的な評判に対して、国内からこのような攻撃がなされたことは、スウェーデン政府に受け入れられるものではなかったと言っておいたほうがよいだろう。ミカエル・ダンベリ（Mikael Damberg）企業・革新大臣は、〈アフトンブラーデット〉紙に対して、そのような記事は国内投資に打撃を与え、スウェーデンの雇用に悪影響を与えるだろうと告げた。

「私が企業大臣としてスウェーデンへの投資を増やそうと海外に出向いている傍らで、スウェーデン民主党は国際的な新聞にスウェーデンを汚すような記事を書いている」〔参考文献157参照〕と、彼は述べている。

さらにモルガン・ヨーハンソン（Morgan Johansson）法務大臣は、〈ザ・ローカル〉に対して、スウェーデン民主党は「嘘の状況説明をして、スウェーデンを意図的に傷つけようとしている」〔参考文献158参照〕と述べている。

「我々は、これを野放しにしておくことはできない。本当は真逆なのに、彼らは暴力にまみれた国であるという絵を描いている」とさらに彼は述べ、アメリカで暴力殺人の犠牲になる危険性はスウェーデンより四倍も高い、と付け加えている。

ヨーハンソンは数日のうちに〈ウォール・ストリート・ジャーナル〉において、オーケソンがまるでスウェーデンを代表するかのように行っている主張について、自らの論説によってこたえると息荒く約束した。そして一週間後、彼は確かにスウェーデン民主党の記事に反論する機会を得た。ところが、ヨーハンソンが「極右で、人種差別主義で……ナチスが源流の」と評したスウェーデン民主党の記事は論説ページの目立つ場所に掲載されたが、法務大臣自身の意見は、「スウェーデンと移民の関係はおおむね良好」というつまらない見出しとともに投書ページに追いやられていた〔参考文献159参照〕。

スウェーデン民主党が六一四語も掲載させたのに対して、ヨーハンソンは二八一語だった。スウェーデン民主党の記事はフェイスブックで三万五〇〇〇回以上もシェアされ、そのなかには、一〇〇万人のフォロワーをもつパメラ・ゲラ（七八ページ参照）も含まれていた〔参考文献160参照〕。また、〈ブライトバート〉〔参考文献161参照〕やほかの類似サイトにも取り上げられている。

記事についたコメントの数は一一三一件。ヨーハンソンの手紙についたコメントの数は三一件であった。しかも、〈ウォール・ストリート・ジャーナル〉のウェブサイトは、ヨーハンソンの手紙で終わっていなかった。彼の手紙のすぐあとに、ほかの読者がもう一人投稿していたのだ。フロリダ州ネイプルズのマーガレット・フィスターという女性の投稿内容は、「オーケソンとカールソンへ。アーメン」であった。こうしてヨーハンソンは、完膚なきまでの屈辱を味わうことになった。

第5章 ニュースの心理学と経済学

ストックホルム・ガムラスタンの狭い道
(出所：藤井威『スウェーデン・スペシャルⅢ』新評論、2003年、191ページ)

トランプ、バノン、ファラージ、そのほかの人物たちは、一同に会してスウェーデンの信用を失わせる新たな方法を夢想しているわけではない。ともに彼らは自国により大きな目標をもっているわけだが、「価値観の戦士」たちが移民について議論する場合、スウェーデンを利用するとどのような反応が返ってくるかについて直観的に理解している。

彼らはみな、スウェーデンについての話が聞き手にどのような衝撃を与えるのか、またその話がどれだけ速く広まるのかについても知っている。つまり彼らは、「悪いスウェーデン」というトピックが非常にしぶとい「ミーム（meme）」であることを知っているのだ。

ミームに賭ける

ミームという概念は、進化生物学者のリチャード・ドーキンス（Clinton Richard Dawkins）が一九七六年に著した『利己的な遺伝子』(1)〔参考文献162参照〕において提示された。彼によると、ミームとは「文化的伝送の単位、または模倣の単位」であり、生物学における遺伝子に相当するものである。ドーキンスは次のように説明している。

遺伝子が精子や卵子を通じて肉体から肉体へと遷移するのと同じく、ミームは広い意味での模倣という過程によって頭脳から頭脳へと遷移する。

最近、この言葉は、ソーシャルメディアを通じて急速に広まる楽しいイメージや言い回しに当てはめられることが多くなった。ドーキンスは、「音の旋律、アイデア、キャッチフレーズ、ファッション、土器や弓の製造法」を例として挙げている。

遺伝子と同様、ミームのなかには、より成功するものとそうでないものがある。あるミームはまったく複製されないが、別のミームは急速に複製され、急速に広がり、そして死滅する。また、あるミームは非常に生存値が高く、一〇〇年あるいは一〇〇万年、ミームのなかで優勢を誇っている。

インターネット以前の世界においてドーキンスは、もしミームが科学的なアイデアであれば、その生存値は学術誌への引用数によって測定することができるだろう、と書いた。現在で言えば、記事や投稿がソーシャルメディア上でシェアされた数を見ればよい。

（1）「四〇周年記念版」が紀伊國屋書店から二〇一八年に出版されている。日高敏隆ほか訳。

あるミームの寿命と浸透度は、その心理的訴求度とそれを取り巻く環境に依存する。「悪いスウェーデン」のミームは、自殺神話という形で一九六〇年から存在していた。それから五〇年以上の間、このミームは非常にしぶとく繁殖力が旺盛であったが、より優勢であった「良いスウェーデン」のミームに比べると決して強力なものではなかった。

しかし、環境が変わった。現在の世界は、ソーシャルメディアが情報の流れを独占し、伝統的なニュースの担い手は守勢に立たされ、信頼度が急速に低下している。「悪いスウェーデン」のミームはより早く適応し、新しい条件により適合しているのだ。

もし、あなたがスウェーデンの国際的な評判を頼りにしているとか、何らかの形でそれに責任をもっているとすれば、同国について誤った、もしくは誇張された話に直面したときには、情報元が信頼できる検証可能な情報を用いて、なぜその話が誤っているのかを明確に説明するという、合理的な対応をすることだろう。そしてあなたは、誤解を正しつつ、スウェーデンでは静穏《せいおん》と透明性に価値が置かれていることを示すだろう。

しかし、残念ながら、その程度であればバターナイフを持って銃撃戦に参加するようなものとなる。

ニュースの心理学

「悪いスウェーデン」のミーム、つまりスウェーデンについての「オルタナティブな物語」には、明らかに何か異常な力がある。なぜ、これらの記事がスウェーデンにまったくつながりのない人々を引き付けるのであろうか。そして、これについていかに対応すればよいのかを理解するためには、一般的に悪いニュースがなぜ人を引き付けるのかについて知っておく必要がある。

ジャーナリストに出会うと多くの人がまず質問することは、なぜこれほどまで悪いニュースばかりがあるのか、というものである。この質問への単純な答えは、人は良いニュースを読まない、少なくとも悪いニュースほどには、ということになる。

二〇一四年にロシア南西部のロストフ・ナ・ドヌ市にある地元のニュースサイトが、「血が流れればトップニュースになる」というニュース界の古い格言を試してみた。ある日、サイトの記者が、戦勝記念日までに新しい地下道が完成すると喧伝するような「良いニュース」だけを流してみた〔参考文献163参照〕。すると、その日の読者数は三分の二も減少した。

「我々は、日々のニュースのなかで良い点を見つけようと努力してきたが、実用的には誰からも必要とされていなかった」と、サイトの副編集長は嘆いている。

キーワードは「実用性」である。ニュースは単なる娯楽ではない。ニュースは人々をつなぐ重要な社会的機能を果たしている。ニュースは社会の接着剤であり、自分が誰なのか、自分が何を気にしているのか、そして自分が社会のなかで実用的に何を知らなくてはならないのか、ということを教えてくれる。

そして、何が起こるかについて、予想どおりであることを知っても実用的には意味がない。地下道の開通が予定されていたとおりに開通することを知っても、一般の人は「無視モード」から「学習モード」には切り替わらないのだ。この新しい情報は、あなたが何か行動を起こすことを求めていないし、その情報を友人たちに教えたところで、社会のなかにおいて自らの地位を高めることにはならない。

いかなるニュースも、それが対象とする社会との関係においてその重要性が決まるものだ。我々は、みんなそれぞれ異なる社会に属しており、それぞれの社会に即してつくられたニュースを毎日消費している。

自分が住む地元で何が起きているかと気にかけているあなたは、玄関のドアに投げ込まれる無料の地元週刊紙を読む。大都市圏で何が起きているかについて気にかけているあなたは、その都市における大手の新聞を読む。そしてあなたは、自国のほかの場所で何が起きているかと気にかけて、国のラジオや（時には）国のテレビニュースを見る。

それぞれの社会層で、衝撃度は低いが直接的な実用性のある地元紙の情報から、個人的には影響を与えないが、衝撃度の高い国や世界の出来事までさまざまなニュースがつくられている。それらに共通していることは、否定的で、侮辱への憤りや怒り、そして驚きを引き起こすような話に焦点が当てられているということだ。

この事実は、皮肉屋のジャーナリストたちが、自らの世界に対して幻滅していることを読者に伝えようとしていないことを証明するものではない（ただし、こうした内容を毎日書いていると、確かにおかしくなってくるが）。むしろジャーナリストたちは、我々の脳の回路がつくり出した欲求を満たしていると言える。

「あなたは良いニュースと悪いニュースのどちらを求めているのか」と誰かが尋ねたら、あなたは何と答えるだろうか。研究によれば、一〇人のうち八人が悪いニュースを挙げる。おそらく彼らは、「そうした問題を避けたいからだ」と言うだろう。しかし、人は否定的な情報ほど直ちに処理したくなるものである［参考文献164参照］。

二〇〇一年、オハイオ州にあるケース・ウェスタン・リザーブ大学とアムステルダム大学の心理学者チームが、悪い出来事と良い出来事が心理学的な態度に与える相対的な衝撃の大きさに関する研究を行った〔参考文献165参照〕。ちなみに、この研究は何十年にもわたったものである。彼らの結論は、「ほとんど例外なく」悪い出来事のほうが良い出来事よりも強力である、というものであった。

脳活動の研究では、我々は悪いニュースの意味を理解しようと躍起になるため、良い情報よりも悪い情報を処理するほうが、より多くの認知的エネルギーを注ぎ込むとのことである。我々の脳は、悪い出来事の原因を分析し、なぜ起こったのかを理解し、結果について心配し、どのように反応すべきかを計算する。そして、これらすべての活動によって、悪い内容のほうを覚えている可能性がより高くなる。また、もしもその悪いニュースが予期せぬものであった場合には、さらに多くの認知活動が加わることになる。

このように悪い出来事や悪い情報は、初めに強い心理的な刷り込みが行われるため、良い出来事も悪い出来事も時間とともにその衝撃が薄れはするが、悪い出来事の心理的効果のほうがその消滅までに時間がかかることになる。

悪いニュースに対してより多くの脳時間を使うことについての進化論的な利益については、

十分な説明が与えられている。悪い合図を認識し、適合し、反応する能力は、我々の生存のカギとなるものである。良い出来事は人を良い気持ちにさせるかもしれないが、悪い出来事は命にかかわるかもしれない。したがって、それを識別し、記憶しておくことは重要なのである。もしも、自分に対して起こった悪いことをすぐに忘れてしまったら、あなたはその過ちを繰り返すことになるだろう。

何千年もの間、物語の話し手たちは、登場人物の役柄を変化させることによって劇的な効果を狙ってきた。柄にもない行動を取る主人公は、人を引き付けるのである（たとえば、スーパーマンやスパイダーマンが「悪役に転じる」ときがある）。

一九九九年の研究が明らかにしたのは、悪い行動に関する情報のほうがより魅力的であること以外に、その行動を取った人の性格も関係があるということである。北カリフォルニア大学の科学者たちによれば、良い人々が悪いことをする話が、（悪い人々が良いことをする、悪い人々が悪いことをする、良い人々が良いことをするという組み合わせに比べて）もっとも神経活動が増加するとのことである［参考文献166参照］。

おそらくこれは、タイガーウッズが落ちぶれた話や過剰な野心を抱いた者が罰を受ける話に、なぜ人々が魅力を感じてしまうのかということについて説明をしていることになる。

通常、個人の安全に対する現実的で直接的な脅威は文章に表現されないが、視覚的な合図に対する反応はほぼ同時に起こるものである。〈ブライトバート〉や〈デイリーメール・オンライン〉によるスウェーデンに関する記事が印象的であったのは、攻撃的な写真が文章に付されていたからである。

燃える自動車、暴徒鎮圧用装備の警察、怒れる若者たちは、スウェーデンに関するオルタナティブな物語における映像テーマである。これが従来の優しく楽しい美的なイメージに対照されると、より力強さを増すことになる。

スウェーデン当局が宗教上の理由で「クリスマスの灯」を禁止したという誤ったブログ投稿にさえ、髭を生やした怒れる若者があらんかぎりの力で叫んでいるように見える写真が付されていたのだ。

こうしたイメージは「思考」という面倒な活動を要さずに、脅威を処理する脳の部位である偏桃体《へんとうたい》に直接訴える［参考文献167参照］。過去三〇年の間に行われたいくつかの実験によると、幸せな顔よりも怒った顔のほうがより速く、より効果的に識別できるそうだ［参考文献168参照］。その傾向は、対象者の顔がほかの人々の顔に埋もれていたとしても変わらない。「怒りの優位効果」として知られるこの効果のおかげで、幸せな顔に埋もれている脅威を与える顔は、逆の場合よりも効率的に認知されることになる［参考文献169参照］。

というわけで、頭の中で悪い情報は良い情報よりも優先され、処理能力がより多く利用され、より速く伝達し、出来事や個人についての全体的な印象についてより大きな影響を与えるということが分かったであろう。悪い情報と良い情報が非対称であるというのは、なぜ良い評判を得るのが難しく、失うのがたやすいのか、そしてなぜ悪い評判を得るのはたやすく、払拭するのが難しいのかということを見事に説明している。

これについては、どうすることもできない。ソーシャルメディアが至る所にあるこの時代において、悪いニュースの波と闘う唯一の方法は、より多くの、かなり多くの良いニュースを流すことしかない。なぜなら、悪いニュースは個別により大きな影響を与えるだけでなく、よりシェアされやすく、しかも社会の問題に取り組んでいる人々にシェアされる可能性がより高いからである。

「ウィルス的な内容」というと突飛で楽しいものだが、でも結局のところ、無意味な話やイメージがソーシャルメディアを数時間支配したあとに消滅するといったことを想定するものとなる。

実は、我々〈ザ・ローカル〉も、そのような雰囲気を明るくするような話が嫌いではない。

酔ったヘラジカがリンゴの木に挟まって動けなくなった写真〔参考文献170参照〕などは、二四時間で一〇〇万回も閲覧されている。そして、誰もそのことに不満を言うことはない。

ただし、このような話はむしろ例外的なものと言える。それは、シェアされる話というのは稀少性が高いものであり（もしも、動物が木にひっかかった話を毎日掲載していたら、誰も興味をもたなくなるだろう）、新聞社はこうした内容によって信用を築いていくものではないからだ。しかしながら現在は、どの新聞社もいかなる内容がシェアされやすいかを明らかにしようと、とんでもない労力をつぎ込んでいる。

シェアのされやすさは、いろいろな要因に左右される。新聞社のニュースへの焦点の当て方、読者層の構成、記事発表のタイミング、サイトでの目立ち方、ニュースの実用性、書き手の有名さ、見出しの選定、運、といった多くのものがそれにかかわっている。

「どのような内容がウィルスのように広まるのか」という疑問に答えるべく、ペンシルバニア大学ウォートン校のジョナ・バーガー（Jonah Berger）とキャサリン・ミルクマン（Katherine Milkman）教授は、三か月にわたって〈ニューヨーク・タイムズ（The New York Times）〉紙に発表された七〇〇〇件の記事を分析している〔参考文献171参照〕。記事の内容以外のさまざまな要因を調整したうえで彼らが明らかにしたのは、一般に良い内容のほうが悪い内容よりも広まりやすい（おそらく、悪いニュースは好きだが、大半の人は暗く悲しい話を友人に広めることを自制するのだろう）としたうえで、重要なことは記事における感情の豊かさである、ということだった。

ある記事が、もしも「高覚醒感情」と研究者たちが呼ぶ、強い生理的な反応を刺激するものであるならば、それはよりウィルス的であると言える。高覚醒感情は、肯定的（畏敬の念など）な場合も否定的（怒りや不安）な場合もあるが、そのなかでも、怒りの高まりがシェアのされやすさにもっとも大きな影響を与える。逆に、悲しみなどの低覚醒感情が促進される場合はシェアされる可能性が低くなる。

この最初の研究から数年後、バーガーは方程式から感情の変数を取り除き、単純に生理的覚醒の強さがシェアを増やすのではないかという考えを試した［参考文献172参照］。四〇人の大学生が二つのグループに分けられ、一方は一分間じっと座り、他方は一分間その場でジョギングを行った。

その後、学生たちは心理的に中立な記事を読み、それをメールで誰かとシェアしたいと思ったら「そうするように」という指示を受けた。その結果、座っていたグループでシェアした人の割合はわずか三三パーセントであったが、ジョギングのグループでは七五パーセントに達していた。つまり、肉体的に覚醒した状態は、記事をシェアする確率を二倍以上も高めたのである。

これもまた、進化論的な規則の強さを示唆している。人は何か危険なものから逃れようとするとき、それを仲間に警告しようとする。それと同じく、人に脅威や怒りを感じさせる悪い内容は脳に直接突き刺さり、心臓は高鳴り、血流が盛んになって、その情報をシェアしたくなるのである。

ニュースについて言うと、「問題はシェアすれば半減する」という古い考え方は忘れて構わない。実際、その逆こそが正しいのである。フェイスブックの内容の一部をシェアすることにより、あなたはニュースの配信メカニズムの一部となるわけだ。

あなたは本当の情報源ではないかもしれないが、最初に自分の仲間内に伝えることによって、あなたのネットワークのなかでは情報源と見なされることになる。そして、仲間内の地位と信用という、それに伴う心理的な利益を享受することになるのだ。

もし、あなたが新聞に記事を掲載したことがあったり、何千ものリツイートを生み出したツイートをした経験があれば、活字になった自分の名前を見たり、自分のせいで何千人もの人々が知的な反応を見せていることを知ったときに湧き起こる感情については分かるだろう。

記事にあなたの名前がしっかり出ており、あなたとのつながりが明らかになっておれば、この半編集作業によって社会のなかでの重要性や力を高めることになる。あなたはオピニオンリーダーとなり、あなたの投稿についたコメントや質問によって得られた確信によって、自分がその話の専門家であり、その話の所有者であるという感覚を強めることになる。念のために言うが、これは極端なシェアを行う人々にだけ当てはまることではない。実験によれば、小規模の場合でも、フェイスブックでニュースをシェアすると、その話に自分が関与しているという感覚が増加するものである〔参考文献173参照〕。

しかしまた、あなたは自分がシェアしたものに束縛されることになる。なぜなら、今やあなたがそれによって規定され、仲間内であなたに対する期待が生まれ、あなた自身は、初めに自分が行った投稿を支持するような証拠やほかの記事、あるいはビデオクリップを探そうとするからである。

つまり、悪いニュースが起こした感情が大きければ大きいほど、シェアされる可能性が高まるということだ。シェアが増えると、それを受け取る人々が増え、生理学的な反応をより多く刺激し、より大きく、より長く残る精神的な衝撃を与えることになる。そして最終的には、そのニュースが社会信念の一部となる可能性を高めるのだ〔参考文献174参照〕。

要するに、ニュースへの感情的な反応がシェアされると、それはその社会の性格を規定し、その社会のメンバーが同じように振る舞う動機づけを与えるということである［参考文献175参照］。

ある話について考えを深めることは、現実の世界に関与する道のりを一歩進むことになる。もっとも有名な書き手たちは、外部の傍観者というよりもその話の参加者である。彼らはもはや評論家ではなく、その話を市民の関与につなげる活動家であると言える。

スウェーデンに関して互いに相反する物語を、シェアされやすさという視点から比べてみると「勝者」ははっきりとしている。技術、革新、ビジネスの成功、生活の質についての伝統的な話は、「有識ユーザー」による不動産の評価を獲得し続けている。また時々、突飛な、あるいは驚くような内容がさらに良い評価を生み出すことがある。しかし、「悪いスウェーデン」のミームはいずれも強力である。火事、レイプ、侵略といったテーマは非常に力強く、生存というもっとも原始的な本能を引き起こしてしまうのだ。

レイプ件数が高く出てしまうというデータの収集方法についての詳しい説明には説得力があるし、理解もできるが、シェアできる物語としては弱い。事実は、物語の基礎を形成するにすぎない。バランスの取れた物語が人々の心を引き付けるためには、オルタナティブな物語よりもさらに広い範囲で、より大きな驚きがあり、より畏敬の念を引き起こし、より面白く、よりうまく語る必要がある。

☆ニュースの経済学

新聞事業ほど、これまで勢いよく発展しながら、インターネットによって手ひどい打撃を受けた産業はない。しかし、社会の第四の権力（あるいはスウェーデンの場合、政府と国会に次ぐ第三の権力かもしれない）である報道の役割を考えると、これは単なる大きな産業の崩壊話ではなくなる。

インターネットとそのニュース業界における効果によって、社会におけるニュースの役割は変化した。説明する力を保持している新聞の能力も変化した。さらに、これは我々にとってより重要なことだが、信頼を求める先が、少数の新聞から何百ものニュースサイト、何千もの評論家、何百万人ものソーシャルメディアの利用者へと拡散しているのだ。

読者の数でモノを考えるように条件づけられているジャーナリストや新聞社のお偉方たち

にとって、インターネットの登場は地球規模の読者と影響力を約束するものであった。しかし、それは同時に、このビジネスの繁栄を長らく可能にしてきた参入障壁、すなわち紙面の印刷や配達ネットワーク、大掛かりな編集と販売活動の必要性が失われたということにもつながった。

オンライン上の読者シェアを急いで獲得し、必死に競争に生き残るべく、メディア企業は高額なコンテンツを無料で読めるようにし、やがてニュースを商品化した。ただし、彼らがどんなにニュースを生成しても、ネット広告やクリック数を求めて無数の競争相手が常に存在するようになった。そして、グーグルやフェイスブックが登場した。

ニュース業界とこれら二つのネット世界の巨人たちとの関係を示すもっとも良い表現は、「犠牲者」と「乱用者」である。(原注) 一〇年以上にわたってこれら二つの会社は、ニュース業界を代わる代わる打ちのめしたり褒めそやしたりしてきた。すなわち、ニュースを探すというこれまでニュース業界が支配してきた役割を脅かす一方で、ニュース業界がまるで子犬のように、より多くのアクセスを求める状況を維持してきたのである。彼らは、デジタル広告の市場を支配してニュース業界のお偉方たちをひどく怒らせながら、彼ら自身が広告を出す際の基盤を提供しているということである。

アメリカのニュース業界の広告収入は、二〇〇五年の四九四億ドルから、二〇一六年の一八三億ドルにまで落ち込んでいる［参考文献176参照］。スウェーデンでは、ニュースメディアの広告収入は二〇〇八年以降に三分の一まで減少した、とメディア研究所が算定している［参考文献177参照］。二〇一四年以降のみで、それは約一〇億クローナ（約一一五億円。二〇一九年六月現在）にも及ぶ。

その一方、インターネットに接続できて、言いたいことがたくさんある人は今や誰でもニュースサイトを立ち上げることができるようになった。ほんの数時間のデザイン作業をして伝統的な響きの名前を付ければ、非常に信頼が置けそうに見えて、良いか悪いか、合理的か非常識か、有益か無益かにかかわらず、あらゆるメッセージの伝え手になることができるのだ。そして、それはニュースのように見えるため、ニュースとして扱われることになる。

ちなみに私は、このような状況について不平を述べているわけではない。なぜなら、〈ザ・

（原注）　ほかの多くのネット発のニュース会社と同様、〈ザ・ローカル〉はデジタル技術が生み出した変化、とりわけグーグルに多大なる恩恵を受けている。実際、こうした変化のおかげで我々は事業を開始し、年々拡大することができた。しかし、紙面印刷という遺産を背負ったメディア企業の大多数にとっては、業務の内容が大きく変わったにもかかわらず、こうした利点を感ずるにはまだほど遠い状況となっている。

ローカル〉はまさにこのようにしてはじまったからだ。ただし、この状況はこれまでとは大きく異なるし、社会とニュースとの関係は激しく揺らぐようになっている。

もちろん、〈デイリーメール・オンライン〉や〈ニューヨーク・タイムズ〉のような超巨大ブランドは依然として多くの読者を獲得しているし、そうした状況は世界中どこでも変わらない。しかし、グーグルとフェイスブックが登場したことによって、この古い業界ができることは「経費削減」と「クリック数を追求する」ことだけになってしまった。

素早く、絶えずニュースを伝える需要は高まっているというのに、アメリカのニュース業界における雇用者数は二〇〇六年の六万八六一〇人から四万一四〇〇人（二〇一五年）にまで減ってしまった。しかも、この削減はまだ終わったわけではない［参考文献178参照］。二〇一七年に〈デイリーメール・オンライン〉は四〇〇人を削減し、ニュース業界ではその対極にある〈ガーディアン〉も二五〇人を削減した。また〈ニューヨーク・タイムズ〉は、さらなる人員削減を警告している［参考文献179参照］。つまり、より人数の少なくなったジャーナリストたちが、より多くの記事を、より速く書くように求められているということだ。そうなると、何かを諦めることになる。

ニュースの発行者は、ニュースの配信社にこれまで以上に依存しなくてはならなくなる。

ただし、そうなると、記事の内容が他社と同じになってしまう。そこで彼らは、とりわけ国際ニュースについては、他のサイトの記事を焼き直し、自分たちの読者向けという視点で捉え、ツィッターからコメントを取って加え、先を争って関連がありそうな現地のジャーナリストからコメントを得ようとする傾向が強くなる。となると、外国にいる現地特派員がまずリストラの対象となる。

経費削減におけるほかの解決方法は、費用のかかる「報道」を減らして、費用のかからない「意見」を増やすことだ。もしも、あなたがそんな意見を大量生産してくれる書き手を探すとすれば、他社よりも警告好きで、人を怒らせるのが上手で、ポピュリスト的な考えの人を求めることだろう。なぜなら、人々が自分の記事について話し、コメントし、ソーシャルメディアでシェアしてくれれば、それがクリックにつながり、そのクリックが儲けにつながるからだ。

その結果、書き手は、人々が怒り、憤るような話を容赦なく取り上げることになる。もちろん、競争相手も同じことをしてくるので、互いに極端な方向に走り、感情があらわになった写真を掲載し、その感情を激しく刺激する見出しをつけることになる。

伝統的なニュース業界は、インターネットが生み出した新しい市場の状況に適応するまでに、誰もが予想する以上の時間をかけてきたというのは事実である。しかし、ニュースは壊滅したわけではない。

こうした状況にもかかわらず、優秀な若いジャーナリストたちは、抑え難い衝動に駆られて自らの腕を磨くために何年もかけている。彼らは、経済的な理由でくだらない記事を書き、記事を大量生産しなくてはならないことを承知しているが、自分たちの社会に情報を与え、バランスを取り、説明する力を保持することが義務であると直観的に理解している。費用削減と不確実な状況に直面しながらもジャーナリストたちは、依然として情熱を注ぎ、プロであろうとして勇気を奮いたたせているのだ。

言うまでもなく、彼らはそうでなくてはならない。二〇一六年の一年間だけで、七四人のジャーナリストが記者としての活動に関連して命を落としている［参考文献180参照］。毎週のように、アメリカ大統領は主流のメディアを「偽物」とか「失敗している」と言って非難している。ここスウェーデンでは、記者の三〇パーセントが自らの活動について脅迫を受けたと述べている［参考文献181参照］。

このようなリスクは、戦場ジャーナリストにとっては仕事の一部であるが、パリやベルリン、ストックホルムのジャーナリストにとっては、地元でテロ事件が起こったときが気概の見せどころとなる。自分の感情を横に置きつつ、読者に伝え続けるという自分の責任を全うするのである。

毎日、世界中で、勇気があり、革新的で、人を楽しませる記事が、今何が起こっているのかに対して光を当てている。それは、伝統的なニュース業界だけでなく、フリーランサーやブロガー、はじめたばかりのニュースサイトにおいても同じである。

商業的には、効率的な新しいデジタルニュースのブランドが登場したので、古いニュース業界は決して前世紀の栄光を再び味わうことはない。彼らは、少しずつ新たな状況に合わせて調整を図ることだろう。その調整は、人々が自分の読んでいる記事の代金を支払うという形に戻すことによっておおむねなされていく。

一五年前、あるいはほんの五年前と比べても、ネット上の支払技術は大幅に普及し、ほんの小さなニュース出版社にとっても十分安価なものになった。すでにネット通販に慣れた読者たちは、クレジットカードの内容をニュースサイトに登録することを昔よりもずっと気軽に行うようになっている。さらに重要なことに、人々がこの不確実な世界を理解すべく、再びジャーナリズムを評価するようになっているのだ。

これは善良なメディアにとっては良いニュースであるが、社会全体にとっては必ずしもそうとは言えない。なぜなら、もしも公平でバランスが取れている分析的な記事が「有料」という壁の向こう側に隠れてしまえば、それにアクセスするのもシェアするのも難しくなるからだ。その結果、無料のニュースサイトの記事が支配力を増し、良質な記事が世界の会話のなかにおいて占める割合が小さくなってしまう。

そして、無料のニュースサイトが無料でいられる唯一の有効な方法が多数の読者を獲得することであるから、無料サイトは〈デイリーメール・オンライン〉あるいは〈ブライトバート〉や「ロシア・トゥデイ（RT）」のように、特定の意図があって商業的な利益は二の次という人々や組織が資金を提供するサイトのようなものになるため、ますますポピュリスト的なものになっていく。これはつまり、「悪いスウェーデン」だけがスウェーデンであるという無料のニュース提供者だけが残されていくということである。

第6章 ポスト真実の世界

スウェーデン外務省（出所：藤井威『スウェーデン・スペシャルⅡ』新評論、2002年、193ページ）

「悪いスウェーデンの物語」は、相互に結びついた強い力が推進している。また心理学は、この物語を非常に抵抗しがたいものにしている。さらに、ニュース業界における混乱のおかげで、ジャーナリストたちは分析や疑問、そして文脈の提示がしにくくなっている。

ところが、スウェーデンの国際的な評判を損ねるもう一つの問題がある。それはおそらく、我々が現在直面している問題のなかでもっとも大きな「ポスト真実」という世界の問題である。そこでは、事実はもはや固定されておらず、波に揺れるがらくたのように浮き沈みしている。

この現象を徹底的に分析した本として、二〇一七年に刊行された『ポスト真実（*post-truth*）』［参考文献182参照］をおすすめするが、その前に、ポスト真実の鋭い刃であるフェイクニュースが、スウェーデンの信用を貶めたい人々の武器としていかに作用しているかについて見ていこう。

まずは、一方を「完全に正しい」とし、他方を「完全に誤り」とするニュースの「信頼性の分布」について考えてみよう。その中間に「やや左あるいは右」や「非常に左あるいは右」といった基準を設ければ、読者に対する有益なガイドとして、ニュースの源を適切な場所に位置づけていくことができる。

実際、ヴァネッサ・オテーロ（Vanessa Otero）というアメリカの法律家が、二〇一六年一二月に自分のフェイスブックページにそのような分布図を投稿している［参考文献183参照］。その図において〈ブライトバート〉と〈インフォワーズ〉は、「保守的で完全なクズ／陰謀論」に分類されていた。

数日後、〈インフォワーズ〉は「大多数の左派主流メディアサイトがいかに独裁を促進し、保守的な『クズ』サイトが解放と自由を実は促進してきたかを説明しながら」自前の図を示して、これに応答した［参考文献184参照］。この議論に、新たな図は必要ないだろう。

我々がこれまで見てきたニュースの大多数は「フェイクニュース」、つまり初めから終わりまで入念に捏造されたものではなかった。それらは真実の誇張や歪曲であり、正確な報道であるものの、文脈が完全に欠落しているといったものであった。しかし、二〇一七年に発表されたある研究において、スウェーデンの意思決定に影響を与える努力の一つとして、フェイクニュースと偽造文書を画策していたことが論じられた［参考文献185参照］。

マーティン・クラフ（Martin Kragh）とセバスチャン・オスベリ（Sebastian Asberg）という二人が、スウェーデン語のツイッターでいわゆる「ネット荒らし団」を用いたことや、スウェーデンの問題に関する「一〇の偽文書」を指摘している［参考文献186参照］。

その一つ、ウクライナへの兵器販売に関する手紙には、スウェーデンの防衛大臣ペーテル・フルトクヴィスト（Peter Hultqvist）のサインがなされており、有名なスウェーデンの軍事関係ジャーナリストのツィッター・アカウントを通じてソーシャルメディアに出現している。もう一つ、ストックホルムの国際公共調達局長のトーラ・ホルスト（Tora Holst）のサインがなされた手紙は、ウクライナで行われた戦争犯罪におけるスウェーデン国民の起訴を棄却する試みに関するものであった。それは「ＣＮＮ」のウェブサイトにアップロードされ、のちにロシア国営テレビでも放送されている。

三つ目の例はマルゴット・ヴァルストローム外務大臣（六五ページ参照）宛ての手紙だが、それはイスラム国の女性リーダーからのものとされ、トルコ経由でイスラム国に兵器を送るという陰謀に関するものであった［参考文献187参照］。

クラフとオスベリによれば、これらの手紙はすべて偽造であることが明らかになるだけの十分な誤りが含まれていた。しかし、これらは陰謀論の証拠として他のメディアに何度も現れ続けた。この二人の研究者は、こうした偽情報のキャンペーンの目的として次のように論じている。

「スウェーデンにおいてＮＡＴＯの役割を最小にする安全保障秩序という、戦略地政学的な現状を維持するためであった」

ロシアはスウェーデンの主張を退け〔参考文献188参照〕、それらを、「ジェームズ・ボンド理論」〔参考文献189参照〕であり「ロシア嫌い」〔参考文献190参照〕であるとこき下ろした。

しかし、スウェーデンの国民は、すべてが見かけどおりでないことに気付きはじめている。スウェーデンのメディア業界における労働組合「スウェーデンメディア出版社協会(Swedish Media Publishers' Association)」が二〇一七年三月に行った調査によると、スウェーデン人の一〇人のうち八人が、基本的な事実の認識にフェイクニュースが影響を与えていると考えており、一〇人のうち六人が、「すべてが正しいとは思えない」ニュース記事を毎週のように目にしていると述べている〔参考文献191参照〕。

それと同時に、スウェーデンのステファン・ロベーン首相（六五ページ参照）は、「外国が自分の利益のために、政府や国民、もしくは特定のグループに影響を与える試み」に対して警告をしている。〈ダーゲンス・ニュヘテル〉紙への寄稿において、そうした試みには「ソーシャルメディアや、仕掛けられたニュースにおける架空の人々によってつくられた誤った文書を広める」ことが含まれると、ロベーン首相は述べている〔参考文献192参照〕。

ロベーン首相は、スウェーデン政府が取っている安全保障上・政治上の施策に関する概略を示し、二〇一七年八月には、新聞社が広告について払っている税金を廃止することを財務省が提案した［参考文献193参照］。

「ネット上の噂やフェイクニュースのなかで生きる時代において、スウェーデンにおける我々の新聞は非常に重要です」と、マグダレーナ・アンダーソン（Magdalena Andersson）財務大臣は述べた。

「それを支援する一つの方法が、この税金をなくすことです」

その二日後、スウェーデンのペーテル・フルトクヴィスト防衛大臣はデンマークの防衛大臣とともに、両国が「ロシアのフェイクニュース」による脅威と闘うべく軍事的な協力を強化すると発表した［参考文献194参照］。

さまざまな方向からさまざまな理由でやって来る脅威に対処するためには、さまざまな対応が求められる。スウェーデン政府はある程度の行動を起こしているように見えるが、スウェーデン人の一〇人のうち八人は、フェイクニュースの広がりを防ぐ主な責任がメディアにあると考えている［参考文献195参照］。

次の例は、スウェーデンではなくスイスであるが（まあ、どこでも構わない話だ）、その要点を明らかにしている。

勝者はすべてをでっちあげる

二〇一七年七月のある日曜日の朝、〈ザ・ローカル〉のニュースデスクは「アルジャジーラ」[1]の英語放送を担当しているスポーツ編集者から一通のメールを受け取った。その内容は、夜のうちに我々のスイス版サイトに掲載された記事についての質問であった。その記事には、FIFAのジャンニ・インファンティーノ（Giovanni Vincenzo Infantino）会長が、二〇二二年のワールドカップをカタールから引き上げるかもしれない、と書かれていた。

確かに、インファンティーノは〈ザ・ローカル〉に対して、サウジアラビアとほかの五国がFIFAに対して、カタールを「テロ支援国である」としてホスト国から外すように依頼したと語っていた。そして今、その記事は消滅してしまった、とジャーナリストは述べていた。

我々は、彼女が何の話をしているのか分からなかった。この事件の背景を考えると、当時

（1）　アラビア語のニュース専門放送を行うカタールの衛星テレビ。

はカタールにとって極めて神経質な状態であった。いくつかの近隣国が、この小さいが裕福すぎる湾岸の国との経済・外交上のつながりを断ち、制裁を科していた。サウジアラビアはカタールとの国境を閉鎖し、同国の航空機は近隣国の領空を避けるために進路変更を強いられた。また、中東地域の航空会社は、同国の首都ドーハへの航空便の運行を中止した。

この論争は、サウジアラビア、エジプト、アラブ首長国連邦、バーレーンが過激派に資金を援助し、彼らの敵であるイランを支援しているカタールを非難するという、現在進行形の地域的な権力闘争の一部であった。

一方、カタール側は、湾岸の近隣諸国が政府のウェブサイトを乗っ取り、カタール首長の名のもとに扇動的で誤った発言を埋め込まれたと主張していた。ＦＩＦＡが二〇二二年のワールドカップの開催地をカタールに決定したこと自体、初めから十分に論争の的であったが、中東地域における緊張状態を考えれば、同国をワールドカップのホスト国から外すという話は紛争勃発の危険性を秘めていたことになる。

我々のニュース事業の監視役であったジェームス・サヴェージ（ⅵページ参照）は、〈ザ・ローカル〉がジャンニ・インファンティーノにインタビューしたことがなく、質問のあった記事を書いたことも、発表したことも、削除したこともなかったことを直ちに確認した。ところ

図5　〈ザ・ローカル〉のスイス版に掲載された偽バージョンのスクリーンショット

が、〈ロイター〉やイギリスの〈デイリー・テレグラフ〉といった有名なニュース事業者が、〈ザ・ローカル〉を情報源として記事を配信しはじめていたのだ。「BBC」のスポーツニュースの特派員であるリチャード・コンウェイ（Richard Conway）は、彼の六万三〇〇〇人のフォロワーに対してこの話が〈ザ・ローカル〉に掲載されたとツィートしていたが、現在は削除されている［参考文献196参照］。

彼は、記事へのリンクと記事が実際にどのようになっていたかをスクリーンショットしたものを投稿していた。そして、「カタール　2022　ボイコット」でグーグル検索をかけると、「我々の記事」に基づいて書かれた記事が検索結果に表示されるようになっていた。一体、何が起こっているんだ？　我々はハッキングされたのだろうか？

我々の技術リーダーであるジェームス・パーン（James Pearn）は、たった三〇秒ほどで、誰も我々のシステムに対してアクセスを仕掛けておらず、そんな記事が夜の間に我々のスイス版サイトに掲載されるようなことはなかったと証明した。そして彼は、我々に対して、リチャード・コンウェイが投稿した当該記事のURL、つまりウェブ上のアドレスをよく調べるように言った。左記がそのリンク先である。

http://www.thelocal.com/20170715/some-arab-nations-calls-fifa-to-replace-qatar-as-2022-world-cup-host/

ジェームスが何を見つけたのか、お分かりだろうか。あなたは「the local」の「h」の下に点があることに気付いただろうか。もし、気付いたのなら、よくできました！ ちなみに、私は気付かなかった。

さて、これで何が起きたかが明らかになった。誰かが「h」の代わりに特殊文字の「ḥ」を用いて、〈ザ・ローカル〉にそっくりなウェブページをつくっていたのだ。このページのリンクはすべて我々のサイトに結びつけられており、一見すると記事は本物のように見えた。その冒頭には、FIFAのセップ・ブラッター（Joseph "Sepp" Blatter）前会長が、カタールを二〇二二年のホスト国に指名すると書かれた封筒を開けている写真が掲載されていた。

この記事が本物ではないことを示すヒントや誤りがいくつかあった。同記事は「ＡＦＰ」というニュース配信会社に基づくものとしつつも、インファンティーノが次のように述べているのだ。

「サウジアラビアと他の五つのアラブ諸国が、書簡でＦＩＦＡに対して、カタールが『テロ支援国』であるため同国が主催する二〇二二年のＦＩＦＡワールドカップを取り止めるように依頼した、と〈ザ・ローカル〉に語った」

「カタールが、二〇二二年のワールドカップのホストから交代するようＦＩＦＡを呼んだ」という見出しは、明らかに英語が完璧でない人物によって書かれたものだし、本文も文法や形式の誤りが多く、何ともひどい状況であった。

しかしながら、ナイジェル・ファラージ（八三ページ参照）によるスウェーデンのレイプ件数についての主張の場合と同様、潜在的に重要な話はそれ自体が力をもってしまい、その根拠や分析といったものは屑に埋もれてしまうのである。

私は、なぜ〈ロイター〉がこの話を流すことになったのかについては知らない（我々は質問したのだが、返信がなかった）。しかし、それを皮切りに、やがてこのニュースがイギリスの〈デイリー・テレグラフ〉やアメリカの〈ハフィントン・ポスト〉[2]、インドの〈タイムズ〉、〈シドニー・モーニング・ヘラルド（The Sydney Morning Herald）〉、アラブ世界の日刊紙〈アッシャルク・アルアウサト（الشرق الأوسط）〉、その他多くのニュースサイトが〈ロイター〉の記事フィードを用いて拡散していった〔参考文献197参照〕。そして、この「ニュース」は、〈ブリーチャー・レポート（Bleacher Report）〉や〈ＥＳＰＮ〉、〈スポーツ・イラストレイテッド（Sports Illustrated）〉といったネットのスポーツ新聞社でも取り上げられている。

もしも、我々が「アルジャジーラ」のまじめなスポーツ記者から事実確認のメールを受け取らず、この問題について鎮静化を図らなかったとしたら、この記事はもっと広まっていたかもしれない。とはいえ、それは今もネット上には固く根付いている。この事件からほぼ二か月経ったあとでも、グーグルはフェイク記事にリンクされた何百もの検索結果を表示しているし、世界中のニュースサイトで閲覧できる状態が続いている〔参考文献198参照〕。〈ロイター〉は元の記事をメインページから外して訂正を出したが、本書の執筆時点においては、まだこの記事が彼らのアフリカ関連ページとトムソン・ロイター財団のニュースページに表示されていた。ちなみに、このニュースページのウェブアドレスが「trust.org」なのは、まさに皮肉としか言いようがない〔参考文献199参照〕。

〈シドニー・モーニング・ヘラルド〉やほかのサイトは、いまだに「スイスのウェブサイト〈ザ・ローカル〉によると、サウジアラビア、イエメン、モーリタニア、アラブ首長国連邦、バーレーン、エジプトが一緒になってＦＩＦＡに書簡を出し、ＦＩＦＡ規約第八五条に基づいてカタールをホスト国から外すように依頼した」［参考文献200参照］と述べている。我々は何もしていないし、彼らも何もしていないのだ。

このフェイクサイトのウェブアドレスは架空のもので、ハワイのアドレスで登録されていた。誰がこの話の背後にいるのか我々には知る由もないが、実際、それは重要なことではない。重要なのは、こうしたことがより広く、より本格的に行われているということだ。〈ザ・ローカル〉がコピーされてから一か月後、アメリカの〈バズフィード（BuzzFeed）〉は類似の事例として、「ＭＩ６(3)の元長官が、ロシア分断戦略計画に関してプーチンに負けを認める」という見出しのフェイク記事を〈ガーディアン〉が出したように模倣された、と報じている。

（2）〈The Huffington Post〉二〇一七年四月、〈ハフポスト（HuffPost）〉に改称されている。
（3）イギリスの情報機関の一つで、ＭＩ６の略称が広く知られている。国外の政治、経済およびその他秘密情報の収集、情報工作を任務としている。

〈ザ・ローカル〉の偽物と同様、この話のウェブアドレスは〈ガーディアン〉とほぼ同じように見えるが、トルコ語の点のない「ı」を用いた「theguardıan.com」となっていた。同じようなことが、ベルギーの〈ル・ソワール（Le Soir）〉や〈アルジャジーラ〉、イスラエルの〈ハアレツ（Haaretz）〉、アメリカの〈ジ・アトランティック（The Atlantic）〉誌についても行われている［参考文献201参照］。

とはいえ、フェイクのウェブサイトは速やかに暴露されたし、これから我々が迎え撃つものに比べれば取るに足らないものだ。しかし、音声と映像の技術が発達して、大統領や首相の発言が捏造できるようになればかなり問題となる。そして、そんな時代がすぐそこまで来ているのだ。

二〇一五年、アラバマ大学のコンピュータ学者たちは、人間の耳と自動音声照合装置が、偽造された録音音声にどれほどだまされやすいかを示した［参考文献202参照］。彼らは、「ほんの数分の音声サンプルがあれば」音声処理ソフトで話し手の話し方のモデルをつくり、「対象者自身の声」を複製することができると言っている。

いったん複製されれば、この声を使って何でも言わせることができる。現時点では、半数の人間が騙される程度の声がつくり上げられているという［参考文献203参照］。

さらに研究者たちは、声を複製するソフトの使い道として、ネットに捏造した声を投稿したり、「法廷における音声の証拠を偽造したり、リアルタイムの電話で他人になりすましたり」することができるとも示唆している。なんと彼らは、「可能性は無限にある」と結んでいたのだ〔参考文献204参照〕。

これは音声の話であるが、映像のほうはどうだろうか。二〇一七年にワシントン大学のコンピュータ学者たちが発表した論文には、当時のバラク・オバマ（Barack Hussein Obama II）大統領のビデオを改変し、彼がまったく違うことを言っているように見せることができると記されている。彼らは、毎週行われていたオバマ大統領の演説ビデオを一つ取り上げて、彼の顔と唇を、まったく異なるスピーチの音声に合うようにアニメーションをつくり上げたのだ〔参考文献205参照〕。

修正されたオバマのビデオは、少なくとも小さな画面においては怖いくらい現実味があった。フェイクニュースを考えるうえで、これが示唆するところは明らかである。やがて「百聞は一見に如かず」と言えない時代が来れば、我々は、政治家やインフルエンサー（影響力の大きい人物）のビデオが本物であることを証明するために、新たな方法を開発しなければならない。

一国のリーダーが発するスピーチの偽ビデオに新聞が初めてだまされたとき、人々の反応は想像するに難くない。明らかにＦＩＦＡとカタールの例は、偽りの話を新聞がどれほど早く記事にするかを示している。大統領や首相が何か衝撃的なことを言っているビデオをニュース会社が入手すれば、それをもっとも早く公表しなければならないというプレッシャーを受けることになり、またそれは想像以上に大きいものとなるだろう。しかし、そのようなものは、確認が取れて、何の疑いもなくなるまで公表してはならないのだ。

信じて、私はジャーナリストです

フェイクニュースだからといって、メディアへの信頼を低下させ、不確実な状況を生み出して偽りの話を売ろうという意図が込められているわけではない。もし、話が誤っていればニュースサイトから削除され、その代わりに長々しい誤報の説明が掲載されることもある。とはいえ、そのようなことが起こるたびに人々は、あまり信頼できないこの業界に対してますます疑念を抱くことになる［参考文献206参照］。この世界では、一般的に「信頼」というものが崩れつつあるようだ。

「エデルマン・インサイツ（Edelman Insights）」という国際調査会社が二〇一七年に実施した国際研究では、人々と政府、非政府団体、企業、メディアとの関係がいかに脆いものであるかについて明らかとなっている〔参考文献207参照〕。これら四つに対する信頼は二〇一六年と比べると低下しているわけだが、とりわけ政府とメディアに対する信頼が企業とNGOよりもずっと低くなっている。メディアは、調査対象二八か国のうち二三か国で信頼を失っており、そのうち一七か国ではかつてないほどの低い水準となっていた。

「エデルマン」の調査では、五九パーセントの人々が検索エンジンのほうがより信頼できると考えており、「人手による編集のほうが良い」としたのはわずか四一パーセントでしかなかった。また、自分が賛成しない意見を支持する情報については、そうでない場合よりも無視する可能性が四倍も高いことが分かっている。

これらを合わせて考えると、スウェーデンの「移民危機」や「レイプ危機」に関する誤ったニュースや、ねじ曲げられたか誇張されたニュースが、外の世界にいる「中立ユーザー」の情報経路を広げる可能性があることは想像に難くない〔参考文献208参照〕。

私がここで「外の世界」と言ったのは、スウェーデンにおける人間同士の信頼関係は、ほかの北欧諸国と同様いまだに高いからである。世論調査研究の一大拠点であるヨーテボリ大学の「SOM研究所」が実施しているスウェーデンの社会トレンドにおける年次調査によると、一九九〇年代半ばの調査開始以来、信頼関係の水準に大きな変化は見られない。

調査回答者を信頼する程度によって「高信頼グループ」、「中信頼グループ」、「低信頼グループ」の三つに分けてみると、二〇一六年の前回調査では五九パーセントが「高信頼グループ」に分類され、過去二〇年間の平均をやや上回るという水準であった［参考文献209参照］。このことは、信頼関係が低い水準の国々を超える、非常に大きな利益をスウェーデンにもたらすことを意味する。

研究者たちが年次結果の分析に記しているように、信頼関係は良好に機能する社会においては潤滑油となっている。ただし「SOM研究所」は、より断片化した社会において信頼関係が低下するリスクについて次のように警告している。

失業した、健康状況が悪い、スウェーデン国外に生まれといった、小さいながらも多くの福祉に依存している集団のために、社会的信頼の水準は明らかに低いほうに向かうという傾向にある……そして、我々の前にはより断片化した社会が登場し、人々の信頼感が明らかに低いことを特徴とする政治集団がその断片化を強めている。この集団は、スウェーデン民主党に共鳴している。〔参考文献210参照〕

この研究は、社会が直面している問題について、スウェーデン人がどれだけ心配しているかについても調べている。二〇一三年以降、スウェーデン人たちは、テロや難民の増加、排外主義、そしてロシアの状況に対してますます心配するようになっている。それらの心配には現実世界における理由があるわけだが、我々がこれまでに見てきたニュース記事の多くを反映しているとも言える。

＊＊＊

フェイクニュースがつくられる目的には、クリックで金儲けをする、人々に誤ったことを信じさせる、人々が何も信じないようにする、などいろいろとあるだろうが、いずれにしてもこのような現象が今や日常的な脅威となっている。

我々が下す決定は、それが日常的に行われる選択であっても、選挙や国民投票のような民主主義的な行動であっても、すべて我々が知っていることに基づいている。しかし我々は、広告や政治家の口から出る言葉については批判的に受け止めることに慣れているが、本物のニュースのように、飾り付けられた情報を却下できるだけの力をまだ備えていない。

フェイクニュースは、我々が関心をもって行動するという力を、少しずつだが削ぎ落としていく。そして、巧みに我々を極端な考えに走らせ、かつては信頼していた人々と対立するように仕向けていく。

「プロパガンダ」、「偽情報」、「でっち上げ」、「陰謀論」、「ペテン」などと呼び方はいろいろあるが、嘘は真実と同じくらい歴史が長いものだ。プロパガンダの歴史をあれこれ辿ってみるのも面白いが、ここでは本書の目的に照らして、フェイクニュースは何ら新しい現象ではないということだけを記しておこう。

とはいえ、我々は「フェイクニュース」という言葉の使い方には気を付ける必要がある。実際、就任一年目にドナルド・トランプが、「CNN」や「つぶれそうなニューヨーク・タイムズ」、「アマゾンのワシントン・ポスト」（ワシントン・ポストはアマゾンの創設者ジェフ・ベゾスが所有している）〔参考文献211参照〕などのニュース会社について語る際、ほぼすべてと言っていいぐらい「フェイクニュース」と叫んでいたため、この言葉はほとんど無意味なものになってしまっているからだ。

確かに、ＦＩＦＡのカタールに関する記事や、いわゆるピザゲートの陰謀論など、純正のフェイク記事というものはある。ちなみに、「ピザゲート」というのは、二〇一六年、アメリカの選挙運動が高まっていたころに噂が流れたもので、ワシントンＤＣのレストランにおける小児性愛者組織にアメリカの民主党党員がかかわっていたとされる話である〔参考文献212参照〕。

しかし、これらの記事は、世界でもっとも権力のある男がフェイクニュースであるとして激しく糾弾したことでフェイクであることが暴かれた。そして、記者に詰め寄られた政治家たちが、自らを守るために「フェイクニュース」と最初に叫ぶケースがますます増えていくことになった。

ロシアがどのくらい関与しているかはさておき、トランプ以下、どのくらいの「フェイクニュース商人」が西洋の民主主義を潰したいと考えているのかは分からない。しかし、彼らがやっていることは、そのような危険をはらんでいることだけは間違いない。

もし、我々がみんなで民主主義のスモーガスボード（スウェーデンでクリスマスを祝うビュッフェ形式の料理）を祝いたいのなら、そのもっとも基本的な食材については同意できるようにしておかなければならない。ニシンを酢漬けにするか、パン粉をつけて揚げるか、「地獄の下水」かと思うくらいまで発酵させるかはともかく、我々はそれが本当にニシンであるということについて同意できるようにしておかなければならない。

ミームが遺伝子の文化版であるなら、事実はＤＮＡである。それを乱すというのは、現代生活における基礎的な要素を乱すということになる。

近年、「ファクト・チェッカー」という、本物のニシンと偽のニシンとを分けるという小さな産業が登場してきた。その一例が〈スノープス（Snopes.com）〉というサイトである。自分が聞いた話が真実か、それとも単なる都市伝説や神話、噂、プロパガンダの類なのかを確認したい人にとっては人気がある。このサイトでは、主張を明示し、それがどの程度正しいのか、あるいは誤っているのかに基づいて格付けまで行われているのだ。

このサイトではスウェーデンに関する噂を数多く調べているのだが、その一つとして挙げられるのが、スウェーデンは一日六時間勤務に公式に移行したという、二〇一五年九月に広まりはじめた話である［参考文献213参照］。

〈スノープス〉によると、〈ファスト・カンパニー（Fast Company）〉というビジネス雑誌に掲載された「なぜ、スウェーデンは一日六時間勤務に変わりつつあるのか」［参考文献214参照］という記事からこの情報が広まったとされている。

この記事は、スウェーデンのいくつかの機関が勤務時間の短縮制度を導入したということに基づいている。仕事に疲れた記者が、この話は経営にヒントを与える大きなチャンスになると考えてしまったようだ。この話が世界中に広まったわけだが、それが何か公式の政策であるかのような示唆を与えることになった。スウェーデンについて言えば、どういうわけかこうしたことがよく起こる。

〈スノープス〉はこの話を「ほとんど誤り」と格付けし、誤りを正した〈ザ・ローカル〉の記事をその証拠として挙げた。ところが、スウェーデンが六時間勤務の実験を行ったわけではないという事実は、一年後に多くのニュースサイトで、「その実験が失敗した」という内容に読み替えられて登場することになった。

「スウェーデンは、費用がかかりすぎることを理由に六時間の勤務制度を廃止した」〔参考文献215参照〕と、イギリスの〈デイリー・テレグラフ〉が報じている。また〈ブルームバーグ〉は、「六時間の勤務制を目指したスウェーデンではあったが、良い結果が得られなかった。費用が利益を上回った」〔参考文献216参照〕と書いている。

二〇〇〇年代の初めになると、アメリカでは、政治家の発言に関する真偽の調査に焦点を当てた政治専門のファクト・チェック機関が登場した。〈ロイター〉のジャーナリズム研究所の報告書によると、現在では五〇か国に一〇〇軒を超えるファクト・チェック機関が存在している［参考文献217参照］。

そのほぼ半数は二〇一四年以降に設立されたものである。そのうちいくつかは、〈ル・モンド〉紙のレ・デコーダー部［参考文献218参照］やスウェーデン〈メトロ〉紙のヴィラルグランスカーレン［参考文献219参照］、〈ＢＢＣ〉のリアリティ・チェック［参考文献220参照］など、ニュース会社によって設立されたものとなっている。

そのほかにも、民主的制度を広め、強化するという使命を有する非政府組織によって資金提供・運営されているプロジェクトもある。彼らの意識は高く、仕事は入念なものであるが、その仕事には、厚いウソの皮に真実の小さな穴を開けていく以上の大変さがある。

実際、昼が夜についてくるように、ファクト・チェッカーの登場によって想定外の結果が生まれた。つまり、フェイク・ファクト・チェッカーの登場である。二〇一七年の初めに「メディエコーレン（Mediekollen）」というスウェーデン語のフェイスブックページが登場し、スウェーデンのメディアが発信する記事について自己流の審査を行い、〈メトロ紙〉のファクト・チェッカーであるヴィラルグランスカーレンと同じ形の判定スタンプを押すようになっている。

たとえば、「メディエコーレン」は、スウェーデンには五〇か所以上の立入禁止区域があるという〈カテリーナ・ヤヌーチ〉の記事（のちに取り消された）に、緑色の大きな「真実」というスタンプを押していた。一方、ヴィラルグランスカーレンに自分自身の記事を書かれた際には、赤色の「誤り」のスタンプを押していた。結局、このサイトはフェイスブックから削除されてしまっている［参考文献221参照］。まさしく、スウェーデンの評判のための闘いが行われている場所と言える。

一九六一年、スウェーデン政府は「もし、戦争が起きたら」という冊子を国内の全世帯に配布した［参考文献222参照］。そこには、戦争が起きたらいかに行動すべきかについて書かれているほか、心理戦の脅威についても触れられている。また、そこには、「敵のプロパガンダに対抗する最善の方法は情報と知識である」と書かれており、スウェーデンの人々がフェイクのラジオ放送にだまされないよう促している。

「もし、戦争が起きたら」の冊子

「たとえ聞きなれた声であっても、偽造されたものかもしれないと常に心得ておきましょう。批判的に聞きましょう！」

五〇年以上経った現在においても、このアドバイスの効力は失われていない。

第7章 スウェーデン式の逆襲

現在は裁判所となっている旧マルメ市庁舎（写真提供：河本佳子）

国の評判というものは単一なものではなく、その土地に関するさまざまな意見を加えたものとなっている。休日に外国を旅行するスウェーデン人は全員、少しずつだがスウェーデンの評判を形づくっていることになる。

スウェーデンの都市は、技術的な優位性と生活の質という評判によって投資と才能を引きつけて、驚異的とも言える起業の活発さにつなげている。そして企業は、自らのブランドに持続可能性や革新性、デザインといった、まさしくスウェーデンの品質とされるものを取り入れている。一方、旅行業界は、スウェーデンの自然から生まれた建築や、料理の世界で現在進行中となっている革新的な動向や特色ある自然環境に焦点を当てている。

スウェーデンにおける国際的な援助活動に携わる人々は、スウェーデンを世界でもっとも成功した幸福な国の一つにした、進歩的な価値観に重きを置いている。そして、文化にかかわる人々は、陽気な音楽の成功と、それとバランスを取るかのような「ノワール」、つまりブラックな言葉がふさわしい陰鬱な文学の流行という信じ難い話について語っている。

それでは、このなかで誰か、「悪いスウェーデンの物語」と闘って自分の手を汚してもいいと思っている人はいるのだろうか。

もちろん、誰もそんなことは思っていない。しかし、みんなで立ち向かう必要がある。夏の観光客を当て込んだマルメにあるカフェの経営者、オルト・ライト（七五ページ参照）のメディアが自らの記事を彼らの兵器として利用するのではないかと心配しているスウェーデンのジャーナリスト、スウェーデン・ブランドが自社の成功の鍵になっている世界的企業の社員、才能ある人々の移住を目指す国や地方の役人、またアフリカにおける女性の人権問題解決のためにスウェーデンから金銭的支援を受けている人々も。

世界におけるスウェーデンのイメージがバランスの取れた公平なものとなるように保証し、支援することに関心がある人々はほかにもたくさんいる。スウェーデンが世界のさまざまなランキングにおいて上位に立っていることを踏まえると、この国のイメージがバランスの取れた公平なものであれば、ほかの国々に対しては非常に大きな競争優位となるだろう。

しかし、これまでに明らかにしてきた（と願っている）ように、バランスが取れて公平であることを、もはや初めから期待すべきではない。すでにゲームのルールは変わってしまっており、スウェーデンの評判は、この国が代表する価値観に反対する人々に乗っ取られてしまっているのだ。

先にアイゼンハワー大統領の自殺発言の例で見たように（三四ページ参照）、価値観の闘いの一つとしてスウェーデンの評判を汚そうとするというやり方は決して新しいものではない。現在が昔と異なるのは、戦場そのものである。スウェーデンが代表する価値観に反対する人々が勢い付いている傍ら、ポスト真実やソーシャルメディア主導の環境が「悪いスウェーデン」の力を強固なものにしている。その意味では、我々すべてに幾分かの責任がある。なぜならば、シェアするときに十分注意している、と主張できるだけの人が極めて少ないからだ。

ニュースを消費する公衆の一人として、あなたはジャーナリストやメディアは信頼しないと言うかもしれないが、それでは、そうした記事をフェイスブックの友達とシェアする前に、その事実や出典をどれほど頻繁にチェックしているだろうか。おそらく、ほぼ「していない」だろう。

二〇一六年のコロンビア大学とフランス国立研究所（Inria）の研究によれば、ソーシャルメディアでシェアされたリンクのうち五九パーセントはクリックされていなかった。つまり、ソーシャルメディアの利用者は、一〇回のうち六回は記事を読まずにシェアしているということである［参考文献223参照］。

我々は、無自覚なまま世界のニュース配信システムの結節点となり、フェイクニュース商人の道具となってしまっている。今こそ良心を取り戻して、自らこのシステムの延焼を防ぐために立ち上がらなくてはいけない。

メディアがフェイクニュースとどれほど貶《けな》されようが、真面目なジャーナリストは、事実と出典のチェックをしっかり行っている。我々みんなが情報の配信者となっている現在の世の中においては無制約に行動してはならないし、シェアした結果についても考えなければならない。私の同僚であるジェームス・サヴェージの言葉を借りれば、ポスト真実の世界における最終防衛ラインは「大衆の懐疑心」となる〔参考文献224参照〕。

これは教育の問題であり、スウェーデンの学校がニュースを批判的に読むように教えはじめていることは非常に励みになる〔参考文献225参照〕。子どもたちに、「この公表の目的は何だろうか?」、「出典は本物か?」、「事実を確認することはできるのか?」といった問いかけをするように促すことで、これから入っていく世界の決まりに対して自らの頭を調整することが可能となるし、これによって年長の世代よりも進歩させることができる。

余談だが、スウェーデンで愛されている食いしん坊のスーパーヒーローである「バムセ(Bamse)」でさえ、原典に疑問をもつというテーマのマンガが二〇一七年に発表され、この闘いに参加しているのだ〔参考文献226参照〕。

ニュース業界に関していうと、本当の問題は誤った記事がつくられることではなく、「F

ＩＦＡ－カタール」の例が示すように、そうした記事が信頼されているニュースサイトにいとも簡単に広まることである。延焼防止装置はここでも必要となる。おそらくそれは、参加しているニュース会社が記事を公表する際、安全に記録していくようなニュース認証システムのような形を取ることになるだろう。つまり、あるジャーナリストがほかのニュース記事に基づいた記事を書きたいときには、システムを検索して、その記事が本物かどうかをチェックできるようにするのである。

バムセが描かれている本

たとえば、〈ダーゲンス・ニュヘテル〉紙が参加したとしよう。同紙の記事は、すべての著者名や公表年月日などの属性データとともに登録されることになる。同紙の記事に基づく記事を他社が書きたい場合には、ジャーナリストがこのシステムをチェックして、その記事が間違いなく同社の記事であるかどうかを確認する。もし、その記事がシステムに登録されていなければ、それは〈ダーゲンス・ニュヘテル〉紙の記事ではないということが明らかになるということだ。

要するに、あるジャーナリストが初めの記事に基づいて新しい記事を公表するときにはこのシステムに入って元の記事を参照し、見識のある読者であれば、自分が読んで、シェアしようとしている記事が本物かどうかをチェックすることができるといった方式である。出版社は自らの出版物を管理し、自らのブランドに対する信頼を守るための方法を見つけなければならない。それゆえ、このような認証システムは「初めの一歩」となるだろう。

ところで、ニュース会社が読者から購読料を求めるようになったことで、質の高さや長い文章、そして分析記事が再評価されるようになったと思われる。このポスト真実の世界がどのように展開していくかについては、世界の情報の流れを管理するテクノロジー企業や大手メディア、価値観の衝突に関与する政治家といったスウェーデン国外の人々の動きによるところが大きくなるだろう。

しかし、そのような世界におけるスウェーデンの地位は、この国で情報を発信する人々が新たな環境に対してどのくらい適切に対応するかによって決まってくるものだ。彼らがどのように行動するか、ここでいくつかの考えを述べることにする。

☆「悪いスウェーデンの物語」を成功話によって武装解除する

二〇一七年、スウェーデンの警察は「脆弱」であるという六一地域を特定した〔参考文献227参照〕。そのうちの二三地域は、「総じて犯罪率と貧困率が高く、警察が不安定な状況に対応すべく定期的に施策や道具を用いており、暴力的かつ宗教的な過激派が存在することがあり、報復を受けるのではないかという恐怖や、通報しても意味がないという無力感から住民があまり警察に通報しない」〔参考文献228参照〕ために「とくに脆弱」であるとされた。

しかし、スウェーデンの警察はこれらの地域が立入禁止区域であるという考えを否定している。それどころか、警察はこれらの地域の発展に力を注ぎ、人員の増員や地元の住宅会社・宗教団体・コミュニティ集団との連携を強化し、保護者会や住民会への関与をうながしている〔参考文献229参照〕。

このような問題地区が「脆弱」であり続けるかぎり、これらは「悪いスウェーデンの物語」の例として使われ続けることだろう。当然のことだが、これらの問題を解決するために活動する理由は、何よりも住民のためである。すなわち、これらの地域で育った子どもたちにも、ほかの地域の子どもたちと同じ機会が与えられなければならないということだ。そこには希望も進歩もあるし、そうした前向きな物語は、情熱と確信、そして知性をもって語られる必要がある。地元のヒーローは祝福しなければならないし、何か達成されたことがあれば、それは大っぴらに知らせなければならない。もちろん、そうした物語はシェアに耐えうる内容でなくてはならない。

悪いニュースは良いニュースよりも速く広まるものだが、人は素晴らしく、感動的で、楽しい話もシェアするものだ。「逆境からの大勝利」という話は、誰にとってもたまらないものである。

マルメの南ソフィールンド地区の例を見てみよう。同地区は有名なローゼンゴード地区の近くにあり、スウェーデン警察が二〇一七年に「とくに脆弱」な地域と見なした二三地域の一つである。

〈ザ・ローカル〉の編集者であるエマ・ロフグレン（Emma Lofgren）が二〇一七年に南ソフィールンド地区を訪れたとき、彼女は住民たちが控えめながらも楽観的な見通しをしていることを知った〔参考文献230参照〕。

住宅事情の向上やボランティアによるごみパトロールなどのコミュニティ活動、二〇一四年に結成された地元のサッカーチームの成功、これらが地元の犯罪ネットワークを取り締まった警察の活動と相まって、マルメ市議会の同地区の担当者であったヒャルマー・ファルック（Hjalmar Falck）が「昼と夜ほどの違い」と表現するほどの変化をもたらすことになった。

　長年にわたって、南ソフィールンド地区は麻薬の売人と車の放火で悪名高かったわけだが、近年の向上のおかげで、この地区の可能性についてファルックは「マルメの新しい方向性」と語るようになっている。

　我々は、ここを商業地区に変えていきたい。地ビールや文化、芸術などで人々を魅了するレストランができないものだろうか。

南ソフィールンド地区（写真提供：河本佳子）

もしも人々がここにいたいと思えば、もしも企業がここで活動をしたいと思えば、この地区はより安定し、みんなが責任をもつようになる。そうなれば、みんなが幸せな「ウィン・ウィン」の状況になる。

南ソフィールンド地区の問題がすでに解決したような素振りを誰もが見せているわけではない。しかし、犯罪というイメージが少しずつコミュニティの精神に移り替わるなかで、復活の種が植えられてきたと言える。

小さな向上が前向きな広報を生み出し、それがさらなる向上をもたらす投資を呼び込むことで小さな成功が大きな成功となり、それがさらに前向きな波を生み出すというように広報が良い回転を持続することによって、復活に貢献することができるのだ。

スウェーデンにおける評判の悪いほうから良いほうへと目を移すと、過去五年間にストックホルムが「ヨーロッパの起業都市」という卓越した地位に駆け上がった理由に関して言えば、このサイクルを理解することで分かる。その出発点は、もちろん初期における起業の成功や地方自治体による懸命な努力であった。

しかし、テクノロジー関係の起業についてストックホルムがヨーロッパのほかの都市と異なっているのは、これらの成功と、同市で起業することのメリットを組織的かつ情熱的に伝えてきたことである。バズ（ネット上の口コミ）がより多くの活動を引き起こし、より多くの投資家を引き寄せた。

投資家が大きくなればなるほど成功の期待は高まる。物語はより説得力を増し、より多くの金・アイデア・才能を引き付ける。現在、ストックホルム地域はテクノロジー関係の起業においてシリコンバレーに次いでおり、「スポティファイ（Spotify）」（音楽配信）、「モージャン（Mojang）」（ゲーム会社）、「クラーナ（Klarna）」（電子決済サービス）、「キング（King）」（ゲーム会社）といった一〇億ドル規模のユニコーン企業（非上場のベンチャー企業）から、二人の創業者が志をもってはじめたばかりのベンチャー企業まで、さまざまな企業活動の場となっている。ちなみに、スウェーデンのテクノロジー企業は、過去三年間で約二五〇億クローナの投資を集めている［参考文献231参照］。

スウェーデンの都市には広報部門の専門家がいるが、問題となるのは「何を伝えたいか」である。一〇億ドルの話はこれまでもよくされてきたことだが、同じ技能と原理を使ってこの国のもっとも脆弱な地域での成功を伝えることができれば、同じくらいの効果が得られるだろう。あるいは、もしも変化をもたらす大きな投資と関与をより促すことができれば、おそらくより高い効果を得ることができるだろう。

「悪いスウェーデンの物語」の策略点を我がものにする

スウェーデンの国際的な評判のもとで働く人々は、〈ザ・ローカル〉に掲載しているスウェーデンについて「肯定的な記事をシェアする」と私によく言ってくれるが、これは当たり前のことだ。積極的な広報活動は常に肯定的な話を強調するが、消極的な広報活動（あるいは危機管理）は否定的な話をいかに封じ込めるかに精励しているからである。

けれども、この方法は時代遅れと言える。これは、否定的な話を拡散するソーシャルメディアの力を無視している。さらに、スウェーデンについてのバランスの取れた見方ではなく、その価値観への不信感を生み出すような、否定的な話を増幅することに専念する国際的メディアの部署があるという事実を無視している。

もはや否定的な話を封じ込めることはできないし、もしもスウェーデンの評判を気にするのであれば、封じ込めようとするべきでない。直感に反するものと感ずるかもしれないが、すでに述べたように、きれいに磨かれた、一面的で、絵のように完全な「良いスウェーデン」のイメージは、否定的なニュースに対する脆弱性を過度に高めているからである。

ドイツやイギリス、アメリカのような大国は、良し悪しが重なった多層的な評判を有しているため、一つの話が直ちに全体の評判に重要な影響を与えるということはほぼない。ブレグジット（イギリスのEU離脱問題）やトランプ大統領といった極めて影響力の大きな出来事であれば、イギリスやアメリカの評判を大きく損ねることになる。しかし、イギリスやアメリカから「悪いスウェーデンの物語」に関する話が出てきても、これらの国々の評判に何の効果も与えないのだ。

スウェーデンの評判がきれいだからこそ、一つの染みでも目立つのだ。だからこそ、〈ウォール・ストリート・ジャーナル〉におけるジミー・オーケソン（一〇九～一一〇ページ参照）の記事について、スウェーデンの企業・革新大臣であり、事実上同国の首席セールスマンであるミカエル・ダンベリ（一一〇ページ参照）は、彼の努力を台無しにしたと激怒したのである。

「悪いスウェーデンの物語」を構成する話は、国際的なオルタナティブ・メディアにスウェーデンのニュース記事が変異して文脈から外された形で広まる前に、スウェーデン自体のニュース記事からはじまっている。テーマはかぎられており、〈ブライトバート〉の傾向をいったん理解してしまえば、最終的にどのような話になるのか想像することはかなり容易である。

このことは、彼らに先立って動く機会を与えてくれることになる。国際的な新聞に載るような悪事が起これば、コメントと説明を付して早くそこから退散すべきだ。もし、スウェーデンの問題に焦点が当たっているなら、その問題を我がものとすべく素早く反応すべきである。

二〇一七年九月、スウェーデン民主党が自らのフェイスブックページに、ストックホルムに隣接しているナッカ市が、「三人

ナッカ市の様子（撮影：松本秀久）

の妻をもつ男のために、一三九五万クローナで三軒のアパートを買った」［参考文献232参照］ことを明らかにした。

この話は、あらゆる問題を抱えている。お金しかり、極度にひっ迫した住宅市場における移民への特別待遇しかり、ナッカ市がそれらの物件を購入したことで生ずる価格上昇しかり、そしてもちろん、一夫多妻制が違法であり、それと多かれ少なかれ対極にあるフェミニスト的な価値観を有する国での一夫多妻という論争が起こる問題しかり、である。この話は、それを目にした多くの人々に怒りの感情を呼び起こし、ソーシャルメディアに野火のごとく広まった。

さらにこの話は、スウェーデンのオルタナティブ・メディアという通常の流れを経て［参考文献233参照］、二日後にはロシアのニュースサイト〈スプートニク（Спутник）〉に掲載された。ただし、それまでにナッカ市のマッツ・イェルダウ（Mats Gerdau）市長がコメントを出し、その男にアパートを「あげた」わけでないことを説明した。

事実、アパートはナッカ市が所有しており、家族は家賃を払っていた。もっとも重要なことは、イェルダウ市長が本件について、次のように率直に語ったことである。

私は、ほかのみなさんと同じようにイライラしている。我々がそうしたのは、そうする必要があったからだ。法律を無視すればよいではないか、という声もあった。私は古い考えなのかもしれないが、今ある法律には従わなければならないと考えている。〔参考文献234参照〕

これによって、〈ザ・ローカル〉を含むスウェーデンのニュースサイトは、この話をよりバランスの取れた形で説明する機会を得た。これは法律に従ったものであり、誰も何百万クローナ相当の物件をもらったわけではなく、本件にかかわった政治家は、公衆の懸念を理解しているだけでなく共有しているということである。

個人的に対応したことによってイェルダウ市長は、この話に微妙な色合いを与え、その尻尾からトゲを抜いた。〈スプートニク〉は一万二〇〇〇回以上も閲覧されたが、大手のオルタナティブ・ニュースサイトに広まるまでには至らなかった。

微妙な色合いは、「悪いスウェーデンの物語」にとって敵となる。そこで、〈ザ・ローカル〉の肯定的な話をソーシャルメディアに流すと言ってくれる人々には、我々やほかのニュース組織が発表した否定的な話についてもシェアをしていただきたい、と私は言いたい。

政治家たち——世界に発信する

ドナルド・トランプの「昨夜スウェーデンで」の発言があった数日後、ジミー・オーケソンは〈ウォール・ストリート・ジャーナル〉を通じて世界に発信した。彼は、国際的な舞台におけるスウェーデンの問題の一つを我がものにしただけでなく、その問題を彼自身の政党レンズを通して引き延ばし、国内における彼の政敵を守勢に立たせた。

この記事に対するスウェーデン政府の対応は、国際メディアの手法に関する理解の乏しさをほのめかすことになった。〈フォックス・ニュース〉の社主であり、トランプ大統領の良き友、頻繁な助言者であるルパート・マードック（一〇九ページ参照）［参考文献235参照］が所有する新聞社が、スウェーデン政府のために「良いスウェーデン」の話を流すわけがないのだ。また、スウェーデン政府の対応を一週間も待ってくれるはずもない。

政治家が内向きの態度を取るのは、何もスウェーデンにかぎったことではなく、どこの政治家も自分の選挙区としか交流しないという傾向がある。しかし、スウェーデンの政治家たちは外部の世界とより多くの交流をもつ必要がある。彼らは、大手のニュースサイトやソーシャルメディアで世界的な議論が行われていることを理解する必要があるし、スウェーデンの評判のために、そこに加わる必要があるのだ。前向きなイメージの売り込みは企業大臣に任せて、論争に参加し、誠実かつ寛容な形で問題とその解決について議論するのである。

実際、スウェーデン人は国際メディアをかつてないほど利用している。フェイスブックと〈レディット（Reddit）〉（アメリカのニュースシェアサイト）は、同国でそれぞれ四番目、五番目に人気のあるウェブサイトとなっている［参考文献236参照］。また、何十万人ものスウェーデン人が利用している〈オムニ（Omni）〉というニュースアプリは、スウェーデンのサイトと同じくらい国際的なニュースサイトとリンクしている可能性がある。

「悪いスウェーデンの物語」におけるいくつかの問題について、もしも政治家がスウェーデン人と話したいのであれば、彼らは全世界に向けて話さなくてはならないのだ。しかし、もしも彼らがそうするというのなら、いかなる方法で、またいかなる場で話すかについて学ばなければならない。また、事実だけでは不十分であることも学ぶ必要がある。つまり、物語がすべてなのだ。

私は、何も「良いスウェーデンの物語」を繰り返せと言っているわけではない。それは、黙っていても語り続けられるだろう。ここで必要なことは、「オルタナティブな物語」への新たな対応策である。それは、もちろん事実に基づくものでなければならないが、「オルタナティブな物語への、さらにオルタナティブな物語」には、説得力と驚き、そして感動がなくてはならない。

またそれは、感情的な刺激を伴いつつ、「悪いスウェーデンの物語」のテーマを救い上げ、それを微妙な色合いが増した国の微妙な風景のなかに織り込んでいく必要がある。世界ランキングにおけるスウェーデンの傑出した成果は、このような、より成熟した多元的な背景のもとで一層輝きを増すのである。

ただし、〈ウォール・ストリート・ジャーナル〉が聞いたこともない政治家の話を流さなくても驚いてはいけない。スウェーデンの政治家たちは、自らの国際的なブランドを高めるだけでなく、国外における自らのフォロワーを確立する必要がある。

世界的なメディアにおいて、スカンジナビア問題に関するコメントで人気の政治家になりたいと思うのは誰であろうか。そのような役割は、誰でも担うことができるだろう。そんなに簡単なことではないが、多くの人々が知る政治家になれば、次に「悪いスウェーデン」の話が出てきても、自分の声を簡単に届けることが可能になるだろう。

☆人々に声を上げてもらい、その声を増幅する

二〇一一年、スウェーデンは週替わりで異なる人々が国の公式ツイッターのアカウント「@sweden」を運用できるように決定したが、これは革新的なものであり、素晴らしいことである［参考文献237参照］。

「スウェーデンの学芸員」と呼ばれたこのキャンペーンは、スウェーデンの民主的な価値観を完璧に包含し、平等な社会から寛容さ、信頼、そしてこの国のすべての人々や態度まで、あらゆることを一挙に紹介するものであった。

当初は世界中のメディアに注目され、時々悪い学芸員が現れて論争を引き起こすことがあったが、このアカウントはスウェーデンの生活や愉快なおしゃべり、女性差別や人種差別などについて、ありふれた見識を示すことが日課となっていた(原注)。

ドナルド・トランプの「昨夜スウェーデンで」という発言は、「@sweden」のアカウントに新たな刺激を与えることになった。アメリカ大統領のおかげだが、世界中から寄せられた質問に一般人が答えるというのは大変ユニークであり、トランプの発言後、スウェーデンに

対する反応が総じて肯定的なものになった。「@sweden」というアイデアは利口で勇敢なものであったが、これはあくまでもスウェーデン政府によって行われたものである。そのこと自体が、学芸員たちの発言に関して信憑性を低下させているという面もある。つまり、独立した個人の強力な話はより信頼できるということだ。

二〇一七年八月、スロボダン・ムフィッチ（Slobodan Mufić）というクロアチアのスポーツ・ジャーナリストがスウェーデンのシェブデに引っ越してから一年後、一一歳の娘をスウェーデンの学校に入学させたときのことをフェイスブックに投稿した。

ムフィッチがその学校の校長に、「娘は何を持っていく必要があるのか」と尋ねると、校長は「何も持ってくる必要はない」と答えた。本、ノート、鉛筆、消しゴム、定規などはすべて支給されるので、娘さんがしなくてはならないのは、iPadが充電されているかどうかを確かめることだけだ、と［参考文献238参照］。

父親　つまり、我々はiPadを買わなければいけないのですね。

校長　いいえ。彼女が翻訳や勉強が楽にできるよう、iPadは学校から支給されます。ただし、バッテリーを確認する必要があります。

父親　お弁当を持たせる必要はありますか？
校長　いいえ。朝食は七時三〇分、昼食は一二時です。毎日、肉料理とベジタリアン料理が出ます。
父親　家庭でも（娘と）スウェーデン語で話すべきでしょうか？
校長　家ではクロアチア語を話すべきです。娘さんは、母語教育としてクロアチア語を学んだほうがよいでしょう。
父親　クロアチア語の先生はいらっしゃいますか？
校長　この学校にはいませんが、毎週木曜日の一六時にエリクスダール（Eriksdal）校でクロアチア語の授業が開かれています。
父親　でも、その学校は町の反対側ですよね……。
校長　大丈夫です。タクシーを手配します。

（原注）学芸員の一人は、科学者で作家のエマ・フランス（Emma Frans）であった。スウェーデンのために一週間ツィートしたあと、彼女は極右による憎悪のコメントに悩まされたと書いている。「ただし、この憎悪は私個人に向けられたものではなく、スウェーデンを標的にしていました」（Min vecka i trollskogen［魔の森の一週間］二〇一六年九月二三日）

この投稿は二〇〇〇回以上もシェアされ、一万一〇〇〇回以上も「いいね」がクリックされ、クロアチアの大手メディア放送だけでなく、スロベニアやバルカン半島のほかの国々でもスウェーデンの学校が特集されるようになった〔参考文献239参照〕。

ムフィッチは私に「投稿の広がり方に驚いた」と話したが、この投稿は、ドナルド・トランプの発言に反応した何千人ものスウェーデン人のツィートやフェイスブックの投稿と同じく、完全に信頼が置けるだけでなく独立したものである。

ほかの例として、〈ブライトバート〉で立入禁止区域とされた地域の一つであるテンスタでのことが挙げられる。一二人の住民が、消化活動に来てぬかるみにはまった消防車を押している写真を〔参考文献240参照〕写真家のエリカ・ヘイケンボーン（Erika Heikenborn）がソーシャルメディアに投稿したところ一気に拡散し、スウェーデンの多数のニュースサイトに登場することになった〔参考文献241参照〕。

これまで、フェイスブックがもたらす感情的な報酬のメカニズムがいかに通常のユーザーを市民活動家に変えうるか、またそれによって、効果的に「悪いスウェーデン」のミームの拡散に役立っているかを見てきた。しかし、今挙げたように、同様の方法で「良いスウェーデンの物語」の拡散に使うこともできるのだ。

ムフィッチやヘイケンボーンのような人々は、適切なときに、適切な場面で、真実の話を自発的に取り上げた新しいオピニオンリーダーであると言える。将来の「スウェーデンの学芸員」プロジェクトは、こうした真実の話を明らかにし、その話をフェイスブックやその他のソーシャルメディアのプラットフォームが提供するあらゆるツールを用いて、拡散を加速させることに集中するべきである。

二〇一七年二月のトランプに対する反応は、ネットでつながった現代の世の中においては、誰もが家から外出せずとも大使になれるということを示した。このようなコミュニケーションが、将来のスウェーデンの評判となっていく。すなわち、何十万人もの人々がデジカメとソーシャルメディアで、世界中の友人や家族にいくつもの言語でこの国の話を伝えていくということだ。

こうしたメッセージをまとめると、それは公平でバランスの取れたものとなり、この国の本当の姿を描き出す無数の点になる。こうした話が世界に届くことで、スウェーデンの評判は強靭なものに高められていくことになる。

スウェーデンでも、悪いことは起こり続けるだろう。主要な報道機関は、それらを見たまま報道するであろう。極端に党派的な報道機関であれば、スウェーデンの評判を傷つけるためにこれらの悪事を利用し続けることだろう。しかし、もしも微妙な意味合いの論争や議論が世界のニュースサイトとソーシャルメディアを通じて広まることで、そのような攻撃は崩れやすくなる。

終章

国家ブランド戦争を勝ち抜くために

デンマークとスウェーデンを結ぶエーレスンド橋（写真提供：森元誠二）

スウェーデンの評判についての闘いでは、もちろん明白な勝者は存在しない。むしろ、その効果は量的なものとして感じられることだろう。すなわち、スウェーデンの企業が外国でビジネスを行うことが易しいか難しいか、あるいはスウェーデンの外交官が国際的な影響力をどのくらい発揮できるか、といったことである。

それに、個人の評判は一つのスキャンダルの暴露によって一晩で崩壊することがあるが、国の評判は文化的、歴史的、経済的、政治的、そして個人的な無数の接点に基づいているので、ゆっくりと変動するものだ。

「良いスウェーデンの物語」は、今後も語り続けられるであろう。この数年、新規企業に与えられた何十億ドルもの投資が実を結びはじめており、今後さらに投資が増え、より多くの才能がスウェーデンに引き付けられ、さらなる勢いと成功をもたらすと思われる。

また、スウェーデンのデザインとイノベーションは、世界的な消費ブランドを通じて世界を活気づけることだろう。さらに、スウェーデンの作家や音楽家たちがこれまでどおりの人気であれば、世界は引き続きこの北の国に魅了されることになるだろう。

しかし、「悪いスウェーデンの物語」が消え去ってしまうというわけではない。極めて潤沢な資金と発達したネットワーク、そして高い影響力をもつ勢力がその背後に構えているからだ。さらに、近い将来においては、話を大きくする材料に関して言えば事欠かないし、記事から文脈を外すことに対する良心の呵責も感じていないと言えるからだ。

これは、一連の事実について、二つの勢力が論争を交わしているというものではない。現状では、これら二つの物語が語られている領域はちょうど互いに触れているかいないかくらいのところで推移している。

「良いスウェーデン」は、個人的な知識があり、スウェーデンを肯定的に感じている「有識ユーザー」を対象としている。一方「悪いスウェーデン」は、スウェーデンはかつて美しく理想的であったという浅薄な考えのもとで、新たな物語における否定的な姿に怒りを覚える「抵抗ユーザー」を対象としている。本当の闘いは、ずっと大きな集団である「中立ユーザー」の意識をつかむことであるが、これについては「悪いスウェーデン」のほうが有利となっている。物語のテーマはかぎられているが、その否定的な力と既存のスウェーデンのイメージとの落差は強大なものである。

「悪いスウェーデン」のミームは、我々の心理とソーシャルメディアの相互作用をうまく利用している。すなわち、我々は怒ったり驚いたりした記事をシェアせずにはいられないということだ。しかも通常は、それが本当に正しいかどうかについて確認をしないで行っている。

他方、これまでの報道業界の経営構造が維持されるとすれば、よりバランスを欠いた、より極端な論評が増え、知識のある外国の特派員が配信する現地からのニュースは減り、ほかのニュース会社が配信した記事の書き直しが増えることだろう。

こうした環境においては、地方のニュース記事は「悪いスウェーデン」の火をおこすための燃料としてすぐに変異する。バランスの取れた地方の記事が、極めて党派的なニュースサイトによってねじ曲げられ、同種の国際ニュースサイトの餌になる。そこから、この文脈を取り除かれた記事が、より主要な報道機関によって増幅され、グーグルやフェイスブックのようなデジタル記録として埋め込まれていくのだ。

フェイクニュースの脅威と社会における信頼感の一般的な低下がこれに加わり、どうやら「悪いスウェーデン」の時代が来てしまったかのようだ。ミームの力を弱め、拡散力を大きく低下させる方法はあると思うが、そのカギとなるのは、なぜ「悪いスウェーデンの物語」が近年において出現したかについて理解をしなければならない。

二〇一三年まで、主要な国際メディアは、非常に進歩的な価値観と経済的な知恵を組み合わせて北の地に楽園をつくるという、スウェーデンを理想郷とする考えを喜んで支持してきた。スウェーデンに住む者であればみんな、現実はもっと微妙な色合いになっていることを知っていたが、この物語を押し出すことはスウェーデンの国益にかなっていたし、実際、非常にうまく、かつスウェーデン的な謙虚さを備えつつ、これを行ってきた。

しかし、その成功がしばらく続くと、その謙虚さはうぬぼれと受け取られるようになった。そして、そのうぬぼれが常に攻撃を受けるものとなった。二〇一三年のフスビー暴動において、「いい気味だ」とあざ笑うかのような記事が出たころには、おそらくスウェーデンは「ヤンテの掟（原注）」を破った報いを受けはじめていたことだろう。

本書の「はじめに」において、「真実は文脈で決まる」と私は述べた。スウェーデンに関する「オルタナティブな物語」のなかで描かれる話は、それぞれ事実としては正しいかもしれないが、文脈を伴わなければこの国の誤ったイメージを伝えてしまうことになる。

これは両方向に働くものだ。もし、二〇一三年より前から自らの社会問題についてスウェーデンが対外的にしっかりと伝えて、同国の物語がより微妙な色合いであることを示しておれば、フスビーの暴動が話半分で伝わることはなかっただろう。この暴動が衝撃的だったのは、スウェーデンが「社会主義の楽園」であるという世界の考え方に風穴を空けたからであ

（原注）スカンジナビア以外の読者に説明しておくと、「ヤンテの掟」は現実の法令ではない。これは架空の物語に出てくる、野心や、自分が他人よりも優れているという考えを戒める規則である。

る。言うまでもなく、社会主義の楽園などは存在しないという事実は関係ないのだ。

暴動が起こった週に我々はフスビーを訪れ、ほかのスウェーデンのジャーナリストたちとともに、そこで起こった問題について住民と話し合った。我々は、ストックホルムは焼けていないと報道した［参考文献242参照］。ところが、アメリカとイギリスがストックホルムの渡航警告を出したように、「悪いスウェーデン」のミームはすでに拡散しはじめていた。

それからすぐあと、私は同僚と国際メディアにおけるスウェーデンの評判について、信頼を損ねかねないキャンペーンのような動きが見られることに関して話しはじめた。我々は、自分たちの記事が引用され、失敗するスウェーデンの姿をつくり上げるために利用されていることを知ってはいたが、トランプ大統領の「昨夜スウェーデンで」という発言までは、何かが起こっていることについて人々を説得することが難しく、陰謀論者と思われるのみであった。

スウェーデンの軍隊や政治家、役人たちは、この国を標的にした偽情報のキャンペーンに気付いていたが、トランプの発言によって、それらの人々がこの問題に突如注目するようになった。そして、初めに興奮したあと、みんなが共通して抱いた疑問は「なぜ?」であった。それが誰であるにしても、なぜスウェーデンの信頼を損ねたいのだろうか。

これに対する単純な答えは、この一〇〇〇万人の国が重要である、となる。たとえば、スウェーデンは、経済が世界でもっとも成功している国の一つである。スウェーデンは地政学的にも重要である。またスウェーデンは、世界でもっとも多く援助を提供している国の一つでもある。

スウェーデンは、包装、音楽ストリーミング、家具、衣料、電話通信、家電、建築、林業といったさまざまな産業において大企業を生み出している。そして、もっとも重要なことは、スウェーデンがもっとも進歩的な考えを有する国の一つであり、それゆえに世界でもっとも挑発的で、物議を醸しているということだ。

念のために言うが、私がこれを「もっとも重要」と言ったのは、それが単にスウェーデンの評判にかかわるだけでなく、スウェーデンが代表し、世界中で促進している価値観が脅威にさらされているからである。ストックホルムのフスビー、テンスタ、リンケビー、マルメのローゼンゴード、ヨーテボリのビスコップスゴーデンは、単に社会的・経済的な地位が低く、地域における犯罪の影響が高いわけではない。好き嫌いにかかわらず、これらの地域はより大きなものの象徴となってしまった。これらの地域は、地球規模とも言える価値観の衝突における武器となってしまったのだ。

これらの地域の社会問題を解決するためにどのくらいの公的資金を投資するかについてスウェーデン政府の関連部局が試算するときには、問題を解決しないことがスウェーデンの評判をどのくらい傷つけることになるかについても考慮するべきであろう。また、国際援助を通じてスウェーデンの進歩的価値観を広めるために、何十億クローナも費やしていることを忘れてはならない。

さらに、ストックホルムの政府事務所からわずか一五キロメートルの場所での出来事が、これらの価値観を広めるうえにおいてもっとも大きな脅威になりうるということを、しっかりと肝に銘じておかねばならない。

☆ゲームの名前

長年にわたって挑戦を受けてこなかったおかげで、スウェーデンは非常に大きな国際的資産となった評判をつくり上げることができた。この評判は、スウェーデン企業の活動をしやすくし、またこのような小さな国であるにもかかわらず、非常に強い外交力も支えてきた。

しかし、スウェーデンが評判をつくり上げてきた世界は、その評判を守らなければならない世界とは大きく異なっている。それは、より複雑で、よりひねくれており、より予想することが難しい世界である。

スウェーデンが素晴らしい評判をつくり上げたとき、そのゲームの名前は「競争優位」であった。しかし、スウェーデンにおける評判の本質は、その技術でもデザインでも、ユニコーンでも家具でも、ポップミュージックでもない。非常に進歩的な価値観がその本質なのである。

こうした価値観の広がりをひっくり返そうとする攻撃的な努力が世界中で見られるようになると、スウェーデンは前線に立たされることになった。実際、その価値観は、国外の批判だけでなく、国内の深刻な社会問題によって試練を受けている。とはいえ、こうした試練は価値観の力を証明する好機であると考えなければならない。もしも、スウェーデンが代表する価値観が本当に最善であるのなら、今こそ、それを証明すべきときとなる。

そんな価値観の一つが透明性である。透明性は、ますます不透明で不信感が高まる世界においては重要視されるべきものである。世界のメディアにおける主要なインフルエンサーたちがスウェーデンの歪んだイメージを広めようとするとき、スウェーデンのニュースに流された偽造文書の背後に近隣の国がかかわっているとされたとき、世界最強の権力者がスウェーデンについて誤解を招く発言をしたとき、また、あらゆる場所にいる理性的な人々がスウェーデンについて知らなすぎるためにつくり話を信じてしまったとき、一つのことが明らかになる。そのようなときは、スウェーデンの物語を紡ぐに際して、我々が「新しい章」に突入したということになる。

訳者あとがき

我が国には、スウェーデンの福祉や教育、およびそれを支える社会や政治、経済の仕組み、あるいはバイキング時代の歴史や北欧神話に関する本が数多く出版されている。けれども、スウェーデンという国の評判に関する本に出合ったのは本書が初めてである。

本書のなかでも紹介されているが、国や企業の評判についてのコンサルタント会社であるアメリカの「レピュテーション・インスティテュート」が毎年発表している国の評判に関する調査において、スウェーデンは二〇一二年の調査開始以来、常に「トップ３」の座にあり、二〇一八年は第一位であった。このような良い評判を裏付けるスウェーデンのデータは、ビジネスに適した環境、革新を生み出す力、汚職の少なさ、報道の自由、男女平等度、移民や高齢者の過ごしやすさ、国民の幸福度、起業のしやすさ、国際競争力の高さなど、枚挙にいとまがない。

ところが、スウェーデンについて良いイメージをもっているという人にその理由を尋ねてみると、具体的な例を挙げる人はそれほど多くない。少なくとも日本においては、大半の人が北欧諸国についてほとんど何も知らないにもかかわらず、何となく良いイメージをもっているというのが実情である。

そして、私がスウェーデンにかかわる研究者であると知ると、「そういえば最近、スウェーデンって流行っていますよね」と言われることも少なくない。私がスウェーデンから日本に帰国してから一一年になるが、帰国したばかりのころもそうだったし、最近でもそれはあまり変わらない。

このように、多くの人々がスウェーデンについて具体的なことを知らないにもかかわらず良いイメージをもっていることと、スウェーデンが常に流行っていると思われていることの根本はおそらく同じであろう。それは、自国に対する評判を高めるスウェーデンの「イメージ戦略」が少なからず実を結んでいるということである。

実は、こうした「イメージ戦略」にスウェーデンはかなり昔から取り組んできた。それは、大国がひしめくヨーロッパにおいて、気候的にも資源的にも恵まれていない小国が生き残るための知恵の一つであった。

たとえば、一九世紀初めのナポレオン戦争の際には、ナポレオンの臣下であり、ライバルと称されたベルナドット（つまり、カール一四世ヨハン〔Karl XIV Johan, 1763～1844〕）を、フランス人にもかかわらず王位継承者として招き入れたわけだが、このことは、その後のスウェーデンの国際的な名声を高め、ヨーロッパにおいて確固たる地盤を築くうえにおいて大いに役立った。

また、スウェーデンと言えば多くの人々が思い起こすのがノーベル賞である。ノーベル（Alfred Bernhard Nobel, 1833～1896）がそのような意図をもっていたかどうかは分からないが、スウェーデンは明らかに自国の評判を高めるためにノーベル賞を利用してきた。ノーベルは偉大な科学者であり、スウェーデン人であったが、そのことはスウェーデン人なら誰でも偉大な科学者であるということを意味するわけではない。ところが、世界の偉大な科学者に賞を授ける国という立場を確立することによって、まるでスウェーデン人が全体として文化的で、博学な国民であるという印象を世界中に与えることができた。しかも、そのおかげで、ヨーロッパの辺境にもかかわらず多くの世界的な科学者がスウェーデンの大学を訪れ、研究者や学生との交流を通じて、実際に科学の水準を高めることに成功している。

さらに、国際政治の舞台においても、人口数百万人の小国にもかかわらず、国際連合の第二代事務総長として活躍したダグ・ハマーショルド（Dag Hammarskjöld, 1905～1961）を送り込み、今日の世界的な環境問題への取り組みの礎を築いた「国際連合人間環境会議」を首都ストックホルムで主催するなど、世界をリードする役割を積極的に担ってきた。その結果、先に挙げたような国際比較のデータやランキングがまだ整備されていないころから、すでにスウェーデンは国際的に高い評判を勝ち得ていたのである。

そして、国際社会において一目置かれ、小国にもかかわらず自分たちの存在感を高めることによって政治的な発言力を強め、さらに自国の企業の製品に良い付加価値を与えることで経済的なメリットも得られるということにかなり早くから気付いていた。

本書でもたびたび述べられているように、スウェーデンはさまざまな進歩的な価値観を体現している国である。しかし、そもそもヨーロッパの片田舎にある保守的な後進国であったスウェーデンが、なぜ今日において福祉の充実や環境保護、男女平等、性的マイノリティー、移民受け入れなどといった社会問題に対して絶えず進歩的な挑戦を続けているのかと考えて

ステン・アスク他編／光橋翠訳、
新評論、2013年

みると、実はすべて自国の評判を高めるための戦略ではないかと私は思っている。

このような背景のもとで、スウェーデンは早くから情報発信のツールとしてインターネット技術の発展と普及に力を注ぎ、ＩＴ大国という地位を確立してきた。ところが、今やそのインターネットが、諸刃の剣となってスウェーデンの評判を貶めようとしている。それは、かつてスウェーデンで発明されたダイナマイトが、悪用されることによって大量殺戮兵器と化してしまった姿に、皮肉にも重なってくる。

さて、このようなことは、日本にとっても「対岸の火事」とは決して言えない。今後ますますグローバル化が進み、国際競争力が求められる時代において、単に製品やサービスの質が良いというだけでは世界に認めてもらうことは難しい。

加えて、近年においては「クール・ジャパン」という名のもとでの日本の文化資源の売り込みや、海外からの観光客の呼び込みが国民経済における成長戦略の柱として位置づけられている。このような状況下ゆえに、積極的なイメージ戦略によって自国の評判を高める必要性がこれまで以上に高まっている。ところが、とかく日本人は「謙遜の美学」で、自分をアピールするような情報発信には慣れておらず、また情報の受け手としても、学校教育の場において十分な訓練を受けているとは言い難い。それゆえであろう、世の中に流布している活字情報を、そっくりそのまま信じてしまうようなナイーブな人が多い。

もちろん、本書において例に余るほど紹介されているように、人々が誤った情報に踊らされているのは日本にかぎったことではない。けれども、スウェーデンではインターネット上のフェイクニュースを見分けるノウハウを小学校で教えている〔参考文献243参照〕といった話を聞くにつけ、スウェーデンの対応の「速さ」と日本の対応の「遅さ」を痛感してしまう。

日本におけるスウェーデン研究者の間では、「スウェーデンは日本の三〇年先を行っている」とよく言われる。しかし、もはやそんな悠長なことは言っていられない。人と人の関係において相手を思いやる態度としての「謙遜の美学」は、これまでどおり大切にすればよい。しかし、戦略的にアピールして、自分自身や自国の評判を高めることは別の話である。

マスメディアやインターネットを通じて情報を適切に発信し、また受信できる力を養う教育のあり方について議論することは、我が国において今後ますます重要になっていくだろう。そのような議論において、本書が少しでも役に立てれば訳者として望外の喜びである。

最後になりますが、邦訳書を出版するにあたってさまざまな方からご協力をいただいたことに感謝を申し上げます。原書には、ネット上の画面を除いて一枚も写真が掲載されていませんが、日本の読者によりイメージを膨らませていただこうと、本文に関係する場所などの写真を掲載させていただきました。

　突然のぶしつけな依頼にもかかわらず、数々の撮影を快く引き受けてくださった松本秀久さんとリカルド中村さん、また同じく新評論から『スウェーデンが見えてくる』（二〇一七年）を出版されている元スウェーデン大使の森元誠二さん、そしてマルメで四〇年以上にわたって作業療法士を務めている河本佳子さんからも写真を提供いただきました。この場をお借りして厚く御礼を申し上げます。

　さらに、日本のスウェーデン大使館に勤務されているアップルヤード和美さんには、ワシントンにあるスウェーデン大使館の外観写真を依頼し、入手していただきました。お忙しいなか、面倒な連絡をしていただきましたこと深く感謝いたします。

　これらの写真によって、本書に書かれてあることがより身近なものと感じていただき、決して「対岸の火事」ではない、と思っていただければ幸いです。

二〇一九年六月

鈴木賢志

swedish-council-buyapartments-for-a-man-and-his-three-wives-nacka retrieved 21 October 2017

(235) Trump Reaches Beyond West Wing for Counsel: https://www.nytimes.com/2017/04/22/us/politics/donald-trump-white-house.html retrieved 23 September 2017

(236) https://www.alexa.com/topsites/countries/SE retrieved 23 September 2017

(237) https://twitter.com/sweden retrieved 23 September 2017

(238) Croatian family's unexpected Swedish school encounter goes viral:https://www.thelocal.se/20170906/croatian-familys-unexpected-swedishschool-encounter-goes-viral retrieved 23 September 2017

(239) Slobodans skolhyllning blev viral – pa Balkan: http://www.expressen.se/gt/slobodans-skolhyllning-blev-viral-pa-balkan/ retrieved 23 September 2017 GoodBad_inlaga.indd 152 2017-11-06 17:10 153

(240) WATCH: Journalist Stoned While Trying To Film In Swedish No Go Zone: http://www.breitbart.com/london/2015/10/27/journalist-stonedin-swede-no-go-zone/ retrieved 23 September 2017

(241) Viral photo of locals helping firefighters 'shows positive side' of Stockholm suburb: https://www.thelocal.se/20170320/viral-photo-showslocals-helping-firefighters-in-vulnerable-stockholm-suburb-tensta retrieved 23 September 2017

(242) Stockholm's not burning: https://www.thelocal.se/20130524/48126 retrieved 17 September 2017

(243) 加藤出「北欧に学ぶ　キャッシュレス支える強い経済」日経電子版マネーコラム　2018年7月23日：https://style.nikkei.com/article/DGXMZO33103800Y8A710C1000000?channel=DF130120166349&page=3

bamse retrieved 24 September 2017
(227) Utsatta omraden – Social ordning, kriminell struktur och utmaningar for polisen, 2017: https://polisen.se/Global/www%20och%20Intrapolis/Ovriga%20rapporter/Utsatta%20omr%C3%A5den%20-%20social%20ordning,%20kriminell%20struktur%20och%20utmaningar%20f%C3%B6r%20polisen.pdf
(228) 'Especially vulnerable areas' increase in Sweden: report: https://www.thelocal.se/20170612/especially-vulnerable-areas-increase-in-swedenreport retrieved 4 October 2017
(229) Polisens rapport om utsatta omraden: https://polisen.se/Aktuellt/Nyheter/Gemensam-2017/Juni/Polisens-rapport-om-utsatta-omraden/retrieved 4 October 2017 GoodBad_inlaga.indd 151 2017-11-06 17:10 152
(230) No-go zone? Here's how one of Sweden's roughest areas edged out its drug gangs: https://www.thelocal.se/20170607/heres-how-one-ofswedens-roughest-areas-edged-out-its-drug-gangs-seved-malmo-crime retrieved 4 October 2017
(231) Turning $100M exits into $100B exits: The challenges and opportunities facing Sweden as a tech hub: https://medium.com/startup-grind/turning-100m-exits-into-100b-exits-the-challenges-andopportunities-facing-sweden-as-a-tech-hub-a3fa6cb20efe retrieved 21 September 2017
(232) https://www.facebook.com/SDNacka/photos/a.429788143801075.1073741831.363986787047878/1426409937472219/ retrieved 21 October 2017
(233) Kommun kopte tre bostader for 14 miljoner till nyanland man med tre fruar: https://samnytt.se/kommun-kopte-tre-bostader-for-14-miljonertill-nyanland-man-med-tre-fruar/ retrieved 21 October 2017
(234) Did a Swedish council buy apartments for a man and his three wives?: https://www.thelocal.se/20170919/did-a-

2017-01-03/swedish-six-hourworkday-trial-runs-into-trouble-too-expensive retrieved 9 September 2017

(217) The Rise of Fact Checking Sites in Europe (Graves &Cherubini, 2016) http://reutersinstitute.politics.ox.ac.uk/sites/default/files/The%20Rise%20of%20Fact-Checking%20Sites%20in%20Europe.pdf

(218) http://www.lemonde.fr/les-decodeurs/ retrieved 30 September 2017

(219) https://www.metro.se/viralgranskaren retrieved 30 September 2017 GoodBad_inlaga.indd 150 2017-11-06 17:10 151

(220) http://www.bbc.com/news/topics/267ada11-b730-4344-b404-63067c032c65/reality-check retrieved 30 September 2017

(221) Swedish fake fact-checker page pulled from Facebook: https://www.thelocal.se/20170122/facebook-deleted-swedish-fake-fact-checker-page retrieved 10 Sepetember 2017

(222) Om kriget kommer, 1961. Viewed at http://www.skymningslage.se/om-kriget-kommer-1961/

(223) New Study Highlights Power of Crowd to Transmit News on Twitter: http://datascience.columbia.edu/new-study-highlights-powercrowd-transmit-news-twitter retrieved 24 September 2017

(224) Opinion: The fakers' little lies are eating our brains: https://www.thelocal.se/20170804/opinion-the-fakers-little-lies-are-eating-our-brains retrieved 23 September 2017

(225) Skolverket Guide for kallkritik: https://www.skolverket.se/skolutveckling/resurser-for-larande/kollakallan/kallkritik/guide-forkallkritik-1.251678 retrieved 24 September 2017

(226) Why this Swedish comic hero is going to teach kids about fake news: https://www.thelocal.se/20170116/why-this-swedish-comic-hero-isgoing-to-teach-kids-about-fake-news-

Holmberg och Bo Rothstein, SOM-Institutet, Goteborgs Universitet, 2016: 'For flera mindre men valfardspolitiskt utsatta grupper som arbetslosa, personer med dalig halsa och utrikes fodda, skiljer sig i graden av social tillit klart at det
lagre hallet. I nagra fall okar dessutom skillnaden over tid. Vi tyckte oss se bilden av ett mer fragmentiserat samhalle trada fram – forstarkt av att en politisk gruppering ocksa utmarker sig med en klart lagre niva pa den mellanmanskliga tilliten. Den grupperingen ar de som sympatiserar med Sverigedemokraterna.'

(211) This column brought to you by the 'Amazon Washington Post':https://www.washingtonpost.com/opinions/this-column-brought-to-youby-the-amazon-washington-post/2017/07/25/0189b49c-716f-11e7-8839-ec48ec4cae25_story.html?utm_term=.826cac651dbf retrieved 17 October 2017

(212) What to Know About Pizzagate, the Fake News Story With Real Consequences: http://time.com/4590255/pizzagate-fake-news-what-toknow/retrieved 9 September 2017

(213) How Swede It Is: http://www.snopes.com/sweden-6-hour-workday/retrieved 9 September 2017

(214) Why Sweden Is Shifting To A 6-Hour Workday: https://www.fastcompany.com/3051448/why-sweden-is-shifting-to-a-6-hour-work-day retrieved 9 September 2017

(215) Sweden abandons six-hour workday scheme because it's just too expensive: http://www.telegraph.co.uk/business/2017/01/04/swedenabandons-six-hour-workday-scheme-expensive/ retrieved 9 September 2017

(216) Swedish Six-Hour Workday Runs Into Trouble: It's Too Costly:https://www.bloomberg.com/news/articles/

(201) How A Hoax Made To Look Like A Guardian Article Made Its Way To Russian Media: https://www.buzzfeed.com/craigsilverman/how-a-hoax-made-to-look-like-a-guardian-article-made-its retrieved 3 September 2017

(202) UAB research finds automated voice imitation can fool humans and machines: https://www.uab.edu/news/innovation/item/6532-uab-researchfinds-automated-voice-imitation-can-fool-humans-and-machines retrieved 3 September 2017

(203) All Your Voices are Belong to Us: http://spies.cs.uab.edu/all-yourvoice-are-belong-to-us/ retrieved 3 September 2017

(204) Crime trends in Sweden until 2015: http://www.bra.se/download/18.1588ea4815b8a06a27c3826/1493811737077/Crime_trends_in_Sweden_until_2015_-_In_brief.pdf

(205) Synthesizing Obama: Learning Lip Sync from Audio (Suwajanakorn, Seitz and Kemelmacher-Shlizerman, ACM Transactions on Graphics, Vol. 36, No. 4, Article 95, 2017): http://grail.cs.washington.edu/projects/AudioToObama/siggraph17_obama.pdf

(206) The most and least trusted professions: https://www.aol.co.uk/money/2017/07/17/the-most-and-least-trusted-professions/ retrieved 18 August 2017

(207) 2017 Edelman Trust Barometer: http://www.edelman.com/globalresults/retrieved 20 August 2017

(208) Crime trends in Sweden until 2015: http://www.bra.se/download/18.1588ea4815b8a06a27c3826/1493811737077/Crime_trends_in_Sweden_until_2015_-_In_brief.pdf

(209) Svenska Trender 1986-2016, Henrik Ekengren Oscarsson & Annika Bergstrom (red.) SOM-Institutet, Goteborgs Universitet GoodBad_inlaga.indd 149 2017-11-06 17:10 150

(210) Mellanmansklig tillit bygger goda samhallen, Soren

(192) Sa ska vi skydda valrorelsen fran andra staters paverkan': http://www.dn.se/debatt/sa-ska-vi-skydda-valrorelsen-fran-andra-staters-paverkan/retrieved 16 September 2017
(193) Sweden's government wants newspapers to pay less tax in an effort to combat fake news: https://www.thelocal.se/20170829/swedensgovernment-wants-newspapers-to-pay-less-tax-in-an-effort-to-combatfake-news retrieved 16 September 2017
(194) Ryska 'fake news' – en fara for vara lander: http://www.aftonbladet.se/debatt/a/wWv45/ryska-fake-news-en-fara-for-vara-lander retrieved 16 September 2017
(195) Atta av tio svenskar anser att fejknyheter paverkar synen pa fakta:http://tu.se/pressmeddelanden/atta-av-tio-svenskar-anser-att-fejknyheterpaverkar-synen-pa-fakta/ retrieved 16 September 2017
(196) https://twitter.com/richard_conway/status/886509430283567104 retrieved 11 September 2017
(197) 6 Boycotting Countries Demand FIFA Strip Qatar of World Cup 2022: https://english.aawsat.com/theaawsat/news-middle-east/6-boycotting-countries-demand-fifa-strip-qatar-world-cup-2022 retrieved 3 September 2017
(198) https://www.google.se/search?q=fifa+qatar+boycott+%22The+Local%22 search conducted 3 September 2017
(199) Soccer-Boycott nations demand FIFA strips Qatar of 2022 World Cup – report: http://news.trust.org/item/20170715234007-bf8oj retrieved 11 September 2017
(200) Boycott nations demand FIFA strips Qatar of 2022 World Cup:report: http://www.smh.com.au/sport/soccer/boycott-nations-demandfifa-strips-qatar-of-2022-world-cup-report-20170716-gxc46a.html retrieved 11 September 2017
GoodBad_inlaga.indd 148 2017-11-06 17:10 149

10155015975956062 retrieved 16 September 2017
(184) Alternate Reality: Viral Propaganda Chart Demonizes Independent Media: https://www.infowars.com/alternate-reality-viral-propagandachart-demonizes-independent-media/ retrieved 16 September 2017
(185) Russia's strategy for influence through public diplomacy and active measures: the Swedish case, Martin Kragh and Sebastian Asberg, Journal of Strategic Studies, Volume 40, 2017
(186) Crime trends in Sweden until 2015: http://www.bra.se/download/18.1588ea4815b8a06a27c3826/1493811737077/Crime_trends_in_Sweden_until_2015_-_In_brief.pdf
(187) Russia spreading fake news and forged docs in Sweden: report:https://www.thelocal.se/20170107/swedish-think-tank-details-russiandisinformation-in-new-study retrieved 17 September 2017
(188) 'We need to make sure Sweden-Russia relationship is not based on lies': https://www.thelocal.se/20170221/we-need-to-make-sure-swedenand-russias-relationship-is-not-based-on-lies retrieved 17 September 2017
(189) Russia mocks Sweden over 'James Bond' conspiracies: https://www.thelocal.se/20160520/russia-mocks-sweden-over-james-bond-conspiracytheory retrieved 17 September 2017
(190) 'All homosexuals in Sweden may freely come to Russia': https://www.thelocal.se/20160509/all-homosexuals-in-sweden-may-freely-cometo-russia retrieved 17 September 2017 GoodBad_inlaga.indd 147 2017-11-06 17:10 148
(191) Atta av tio svenskar anser att fejknyheter paverkar synen pa fakta:http://tu.se/pressmeddelanden/atta-av-tio-svenskar-anser-att-fejknyheterpaverkar-synen-pa-fakta/

(174) Talking about others: Emotionality and the dissemination of social information (Peters, Kashima & Clark, European Journal of Social Psychology, 2009)

(175) Emotion in Social Relations: Cultural, group and interpersonal processes (Parkinson, Fischer, Manstead, 2005)

(176) Pew Research Center Newspapers Factsheet: http://www.journalism.org/fact-sheet/newspapers/ retrieved 17 August 2017

(177) Institutet for Mediestudiers arliga matning av reklamintakterna till samhallsjournalistik, 2017

(178) Pew Research Center using Bureau of Labor Statistics' Occupational Employment Statistics: http://www.journalism.org/fact-sheet/newspapers/

(179) Plummeting Newspaper Ad Revenue Sparks New Wave of Changes: https://www.wsj.com/articles/plummeting-newspaper-adrevenue-sparks-new-wave-of-changes-1476955801 retrieved 17 August 2017 GoodBad_inlaga.indd 146 2017-11-06 17:10 147

(180) 2016 Round-Up: 74 journalists killed worldwide: https://rsf.org/en/news/2016-round-74-journalists-killed-worldwide retrieved 18 August 2017

(181) Ledarskribenter mest utsatta for hot: https://www.sjf.se/nyheter/201606/ledarskribenter-mest-utsatta-for-hot retrieved 18 August 2017

(182) In particular I recommend 'Post Truth: the new war on truth and how to fight back' by Matthew D'Ancona (2017) and Post-Truth: How bullshit conquered the world' by James Ball (2017). For a Swedish take on the subject, see 'Alternativa Fakta: om kunskapen och dess fiender' by Asa Wikforss (2017)

(183) https://www.facebook.com/photo.php?fbid=

elsewhere-30318261 retrieved 9 August 2017
(164) Do You Want the Good News or the Bad News First? The Nature and Consequences of News Order Preferences (Angela Legg & Kate Sweeny, Personality and Social Psychology Bulletin, 2013)
(165) Bad is Stronger Than Good (Baumeister, Bratslavsky, Finkenauer & Vohs, Review of General Psychology 2001)
(166) A Psychophysiological Examination of Cognitive Processing of and Affective Responses to Social Expectancy Violations (Bruce Bartholow, Monica Fabiani, Gabriele Gratton, B. Ann Bettencourt, Psychological Science Vol. 12 No. 3, 2001) GoodBad_inlaga.indd 145 2017-11-06 17:10 146
(167) As explained in fascinating detail by Daniel Kahneman in Thinking, Fast and Slow, 2011
(168) Elaine Fox, Victoria Lester, Riccardo Russo, R.J. Bowles, Alessio Pichler & Kevin Dutton (2000): Facial Expressions of Emotion: Are Angry Faces Detected More Efficiently?, Cognition & Emotion, 14:1, 61-92
(169) Finding the Face in the Crowd: An Anger Superiority Effect Christine H. Hansen and Ranald D. Hansen (Journal of Personal and Social Psychology, 1988)
(170) Drunken elk rescued from Swede's apple tree: https://www.thelocal.se/20110907/36002 retrieved 11 September 2017
(171) What Makes Online Content Viral? Jonah Berger and Katherine Milkman (Journal of Marketing Research, Vol XLIX 2012)
(172) Arousal Increases Social Transmission of Information, Jonah Berger (Psychological Science, 2011)
(173) Posting, commenting and tagging: Effects of sharing news stories on Facebook (Anne Oeldorf-Hirsch, S. Shyam Sundar, Computers in Human Behaviour, 2014)

(154) Meet The Right-Wing Ex-Muslim Who Wants To Save UKIP:https://www.buzzfeed.com/jimwaterson/raheem-kassam-ukip?utm_term=.xnpwq4wd6#.dexa4RaAq retrieved 2 September 2017
(155) http://www.efddgroup.eu/ retrieved 2 September 2017 GoodBad_inlaga.indd 144 2017-11-06 17:10 145
(156) Trump Is Right: Sweden's Embrace of Refugees Isn't Working:https://www.wsj.com/articles/trump-is-right-swedens-embrace-ofrefugees-isnt-working-1487807010 retrieved 9 September 2017
(157) Justitieministern: Sverigedemokraterna ljuger i debattartikeln: http://www.aftonbladet.se/a/9a3wp retrieved 9 September 2017
(158) Minister blasts Sweden Democrats' Wall Street Journal op-ed:'They're lying about Sweden': https://www.thelocal.se/20170223/ministermorgan-johansson-blasts-sweden-democrats-wall-street-journal-op-edtheyre-lying-about-sweden retrieved 9 September 2017
(159) Sweden and Immigrants Mostly Get On Well: https://www.wsj.com/articles/sweden-and-immigrants-mostly-get-on-well-1488404814 retrieved 9 September 2017
(160) Sweden Politicians: Trump was right: https://pamelageller.com/2017/02/trump-is-right-sweden.html/
(161) Sweden's Anti-Mass Migration Leader in Wall Street Journal:'Trump Is Right': http://www.breitbart.com/london/2017/02/23/swedensanti-mass-migration-leader-in-wall-street-journal-trump-is-right/retrieved 9 September 2017
(162) The Selfish Gene, 1976 – Richard Dawkins
(163) Russia: 'Good news day' decimates website's readership: http://www.bbc.com/news/blogs-news-from-

(145) https://www.rt.com/about-us/ retrieved 11 September 2017

(146) Sweden's leading shopping mall is deemed a no-go zone, with police blaming gangs of unaccompanied minors who have arrived in the country for spate of attacks: http://www.dailymail.co.uk/news/article-4125726/Sweden-s-leading-shopping-mall-deemed-no-zone.html retrieved 2 August 2017

(147) https://www.google.com/search?q=gothenburg+nordstan searched July 2017

(148) Marketing: 47 Facebook Statistics for 2016: https://www.brandwatch.com/blog/47-facebook-statistics-2016/ retrieved 3 August 2017

(149) The Decline of Organic Facebook Reach & How to Outsmart the Algorithm: https://blog.hubspot.com/marketing/facebook-decliningorganic-reach retrieved 23 August 2017

(150) The Reclusive Hedge-Fund Tycoon Behind the Trump Presidency:http://www.newyorker.com/magazine/2017/03/27/the-reclusive-hedgefund-tycoon-behind-the-trump-presidency retrieved 2 September 2017

(151) The Mercers and Stephen Bannon: How a populist power base was funded and built: https://www.washingtonpost.com/graphics/politics/mercer-bannon/ retrieved 2 September 2017

(152) Nigel Farage: President Trump and I Are 'Probably the Two Most Vilified People in the West': http://time.com/4697883/nigel-faragedonald-trump-bbc/ retrieved 2 September 2017

(153) Express owner Richard Desmond gives UKIP £1m http://www.bbc.com/news/election-2015-32340976 retrieved 2 September 2017

(136) Crime trends in Sweden until 2015: http://www.bra.se/download/18.1588ea4815b8a06a27c3826/1493811737077/Crime_trends_in_Sweden_until_2015_-_In_brief.pdf

(137) Violence against women survey: http://fra.europa.eu/en/publications-and-resources/data-and-maps/survey-data-explorer-violenceagainst-women-survey retrieved 31 July 2017

(138) Violence against women survey: http://fra.europa.eu/sites/default/files/fra-2014-vaw-survey-at-a-glance-oct14_en.pdf retrieved 2 September 2017

(139) 'Logner sprids om valdtakter och invandring': https://www.svd.se/logner-sprids-om-valdtakter-och-invandring ; Heberlein: Vi behover veta mer om valdtaktsmannen: https://www.svd.se/heberlein-vi-behoverveta-mer-om-valdtaktsmannen ; 'Varfor bortse fran allt vi redan vet om valdtakter?': https://www.svd.se/varfor-bortse-fran-allt-vi-redan-vet-omvaldtakter retrieved 16 October 2017;

(140) Brottsplats Nordstan – sa ser vardagen ut: http://www.expressen.se/gt/droger-och-valdsbrott--ny-vardag-i-nordstan/ retrieved 2 August 2017

(141) Laglost land pa galleria I Goteborg: http://avpixlat.info/2017/01/15/laglost-land-pa-galleria-i-goteborg/ retrieved 2 August 2017

(142) Avpixlat blir Samhallsnytt: http://sverigesradio.se/sida/artikel.aspx?programid=101&artikel=6770202 retrieved 10 September 2017

(143) http://avpixlat.info/om-avpixlat/ retrieved 2 August 2017 GoodBad_inlaga.indd 143 2017-11-06 17:10 144

(144) Leading Swedish mall turned into 'no-go zone' by migrant teen gangs – report: https://www.rt.com/news/373853-sweden-no-go-zonesgangs/retrieved 2 August 2017

(126) 'Daily Mail running migrant campaign against Sweden': https://www.thelocal.se/20160227/daily-mail-runs-campaign-against-sweden retrieved 29 July 2017

(127) LBC boosts national audience by 18 per cent to over 2m – full breakdown of UK radio station audience figures: http://www.pressgazette.co.uk/lbc-boosts-national-audience-by-18-per-cent-to-over-2m-fullbreakdown-of-uk-radio-station-audience-figures/ retrieved 5 August 2017

(128) Nigel Farage: 'Malmo Is Now The Rape Capital Of Europe': http://www.lbc.co.uk/radio/presenters/nigel-farage/nigel-farage-malmo-swedenrape-capital-of-europe/ retrieved 5 August 2017

(129) https://twitter.com/nigel_farage/status/833793147729756161?lang=en retrieved 11 September 2017

(130) Sweden: Rape Capital of the West: https://www.gatestoneinstitute.org/5195/sweden-rape retrieved 31 July 2017

(131) https://www.gatestoneinstitute.org/about/ retrieved 31 July 2017 GoodBad_inlaga.indd 142 2017-11-06 17:10 143

(132) https://trends.google.com/trends/explore?date=today%205-y&q=sweden%20rape retrieved 31 July 2017

(133) Why Sweden is NOT 'the rape capital of the world': https://www.thelocal.se/20170221/why-sweden-is-not-the-rape-capital-of-the-world retrieved 2 September 2017

(134) Crime in Sweden – the difficulties in making international comparisons: http://www.bra.se/bra-in-english/home/crime-andstatistics/international-comparisons.html retrieved 2 September 2017

(135) Personer misstankta for brott, alder och brottstyp, ar 2007-2016: http://www.bra.se/download/18.5484e1ab15ad731149e3a85a/1505211890381/10La_mp_fr2007.xlsx

co.uk/news/article-3477510/Migrantattacks-conspiracy-hide-truth-Europe-s-liberal-country-Sweden-stoppedcitizens-discussing-refugee-influx.html retrieved 29 July 2017

(122) Women Are Warned Not To Go Out Alone At Night In Swedish Town After Multiple Sex Attacks By 'Foreigners': http://www.dailymail.co.uk/news/article-3481882/Women-warned-not-night-Swedish-townmultiple-sex-attacks-foreigners retrieved 29 July 2017 GoodBad_inlaga.indd 141 2017-11-06 17:10 142

(123) EXCLUSIVE – The Lawless Asylum Centre Where Migrants Rule: Inside Squalid Swedish Shelter That Police Will Not Enter, Where 10-Year-Old Boy Was Raped And That Has Just TWO Staff On Duty For 600 Refugees: http://www.dailymail.co.uk/news/article-3425640/The-lawless-asylum-centre-migrants-rule-Inside-squalid-shelter-ten-yearold-boy-raped-police-not-enter-just-TWO-staff-duty-600-refugees.html retrieved 29 July 2017

(124) Was Trump Right About Sweden? As The President Is Mocked For His Remarks On Swedish Crime And Immigration, ANDREW MALONE Provides A Disturbing Dispatch From One Of The World's
Most PC Nations: http://www.dailymail.co.uk/news/article-4258014/Was-Trump-right-Sweden.html retrieved 29 July 2017

(125) Where Females Fear To Tread: KATIE HOPKINS Reports From Sweden, The Scandi-Lib Paradise Where Terrified Women Have Vanished From The Streets And A Conspiracy Of Silence And Self-Censorship On Immigration Buries The Truth: http://www.dailymail.co.uk/news/article-4269576/KATIE-HOPKINS-reports-Scandi-libparadise-Sweden.html retrieved 29 July 2017

crisis-covered-up-politically-correctmedia retrieved 11 September 2017 GoodBad_inlaga.indd 140 2017-11-06 17:10 141

(114) SWEDEN MAYHEM: Police find HAND GRENADE in crisis-hit 'no-go zone' after deadly shooting: http://www.express.co.uk/news/world/771405/Malmo-Sweden-hand-grenade-migrant-Kronobordshooting retrieved 11 September 2017

(115) SWEDEN AT BREAKING POINT: Police make urgent plea for help as violent crime spirals: http://www.express.co.uk/news/world/759946/Swedish-violence-crime-police-urgent-plea-malm-Rosengard retrieved 11 September 2017

(116) LAWLESS SWEDEN: Violent migrant youths turn shopping centre into 'NO-GO ZONE' – officials: http://www.express.co.uk/news/world/754126/Violent-migrant-gangs-Swedish-shopping-centre-no-gozone-Gothenburg retrieved 11 September 2017

(117) https://en.wikipedia.org/wiki/Daily_Express retrieved 11 September 2017

(118) Daily Express owner Richard Desmond hands Ukip £1m: https://www.theguardian.com/politics/2015/apr/16/daily-express-owner-richarddesmond-ukip-donation retrieved 11 September 2017

(119) Discovering Sweden's trendy city Malmo by kayak: http://www.express.co.uk/travel/shortbreaks/804074/Sweden-Malmo-travel-trendyholiday-kayak retrieved 29 July 2017

(120) Data: https://www.abc.org.uk/Certificates/48412861.pdf retrieved 29 July 2017

(121) How Europe's Most Liberal Nation Gagged Its Own People On Migration Attacks: The Swedish Conspiracy To Hide The Truth About The Refugee Influx: http://www.dailymail.

leading-conspiracy-theoris/207181 retrieved 28 July 2017
(104) Conspiracy Theorist Alex Jones Says President-Elect Trump Called To 'Thank' His Audience: https://www.mediamatters.org/blog/2016/11/14/conspiracy-theorist-alex-jones-says-president-elect-trump-called-thankhis-audience/214424 retrieved 28 July 2017
(105) https://www.facebook.com/InfoWars-80256732576/ retrieved 11 September 2017
(106) https://www.facebook.com/pamelageller/ retrieved 11 September 2017
(107) https://www.facebook.com/dn.se/ retrieved 11 September 2017
(108) https://www.facebook.com/aftonbladet/ retrieved 11 September 2017
(109) https://en.wikipedia.org/wiki/Daily_Express retrieved 29 July 2017
(110) Daily Express Media Pack: http://www.northernandshell.co.uk.s3.amazonaws.com/media/static-files/nsplus/Daily-Express-Media-Pack-2015.pdf retrieved 30 September 2017
(111) SWEDEN CRUMBLING: Demands For Military Intervention As Thugs Turn Malmo Into 'No-Go Zone': http://www.express.co.uk/news/world/755997/Sweden-Malmo-military-intervention-no-go-zone-crimesurge retrieved 11 September 2017
(112) Battlefield Sweden: Police Admit Malmo Isn't Safe As Thugs Send Fireworks Into Crowds: http://www.express.co.uk/news/world/749735/Sweden-police-malmo-not-safe-NYE-thugs-grenade-attack retrieved 11 September 2017
(113) Nigel Farage Warns Sweden's Crisis Is Being 'COVERED UP' By 'POLITICALLY CORRECT' Media: http://www.express.co.uk/news/world/771303/Nigel-Farage-Sweden-

london/2017/03/15/swedishchildren-gender-double-year/ retrieved 11 September 2017

(97) Breitbart reveals owners: CEO Larry Solov, the Mercer family and Susie Breitbart: http://www.politico.com/blogs/on-media/2017/02/breitbart-reveals-owners-ceo-larry-solov-mercer-family-and-susiebreitrbart-235358 retrieved 28 July 2017

(98) What Kind of Man Spends Millions to Elect Ted Cruz?: https://www.bloomberg.com/news/features/2016-01-20/what-kind-of-manspends-millions-to-elect-ted-cruz- retrieved 28 July 2017

(99) Breitbart News #45 Most Trafficked U.S. Website, Beats HuffPo, WaPo, FoxNews; 2 Billion Pageviews in 2016: http://www.breitbart.com/big-journalism/2017/01/09/breitbart-news-45-trafficked-u-s-websitebeats-huffpo-wapo-foxnews-2-billion-pageviews-2016/ retrieved 11 September 2017

(100) What They're Not Telling You About Sweden: https://www.infowars.com/what-theyre-not-telling-you-about-sweden/ retrieved 11 September 2017

(101) Suicide Of Sweden: Only One In Five Foreign Rapists Are Deported: https://www.infowars.com/suicide-of-sweden-only-one-infive-foreign-rapists-are-deported/ retrieved 11 September 2017 GoodBad_inlaga.indd 139 2017-11-06 17:10 140

(102) Europe's Civil War Breaks Out: The Battle for Stockholm's Train Station — Overrun, Occupied by Muslim Migrants: https://pamelageller.com/2016/01/europes-civil-war-breaks.html/ retrieved 11 September 2017

(103) Donald Trump Praises Leading Conspiracy Theorist Alex Jones And His 'Amazing' Reputation: https://www.mediamatters.org/blog/2015/12/02/donald-trump-praises-

Europe:https://www.buzzfeed.com/lesterfeder/how-sweden-became-the-mostalt-right-country-in-europe?utm_term=.axYP61P24#.xrEnYMnv9 retrieved 28 July 2017
(90) Wear a Headscarf Or Be Raped, Swedish Women Warned: http://www.breitbart.com/london/2016/07/14/wear-headscarf-or-be-rapedswedish-women-warned/ retrieved 28 July 2017
(91) Sweden So Violent, Migrants Consider Moving Back To War-Zone Homelands: http://www.breitbart.com/london/2016/09/23/swedenviolent-somali-moving-back/ retrieved 28 July 2017
(92) Scared Sweden: Almost Half Of Women 'Afraid' To Be Out After Dark In Europe's Rape Capital: http://www.breitbart.com/london/2016/03/04/scared-sweden-almost-half-of-women-afraid-to-beout-after-dark-in-europes-rape-capital/ retrieved 28 July 2017 GoodBad_inlaga.indd 138 2017-11-06 17:10 139
(93) Sweden 'Facing Collapse' Thanks To Migrant Influx, Foreign Minister Warns: http://www.breitbart.com/london/2015/10/31/swedenfacing-collapse-thanks-migrant-influx-foreign-minister-warns/ retrieved 28 July 2017
(94) Swedish PM to Force Priests to Conduct Gay Marriages, Compares them With Abortions: http://www.breitbart.com/london/2017/06/24/swedish-pm-wants-force-priests-marry-sex-couples/ retrieved 11 September 2017
(95) Christian Preschoolers Banned from Saying 'Amen', Talking About the Bible: http://www.breitbart.com/london/2017/06/26/christianpreschool-banned-saying-amen/ retrieved 11 September 2017
(96) Number of Swedish Children Wanting to Change Gender Doubling Each Year: http://www.breitbart.com/

help retrieved 11 September 2017

(81) Even Europe's humanitarian superpower is turning its back on refugees: https://www.washingtonpost.com/world/europe/even-swedenis-turning-its-back-on-refugees/2015/12/30/6d7e8454-a405-11e5-8318-bd8caed8c588_story.html?utm_term=.278ff495fb5a retrieved 10 September 2017 GoodBad_inlaga.indd 137 2017-11-06 17:10 138

(82) 'There's great respect for the Swedish model': https://www.thelocal.se/20170118/theres-great-respect-for-the-swedish-model retrieved 10 September 2017

(83) Flyktinginvandring och kommunal kostnadsutjamning, Statskontoret 2016

(84) Data: https://www.migrationsverket.se/download/18.585fa5be158ee6bf362fd5/1485556063080/Application+for+asylum+received+2000-2016.pdf retrieved 28 July 2017

(85) Every Last Girl, 2016, Save The Children http://www.savethechildren.org/atf/cf/%7B9def2ebe-10ae-432c-9bd0-df91d2eba74a%7D/EVERY%20 LAST%20GIRL%20 REPORT%20FINAL.PDF

(86) Breitbart News Network: Born In The USA, Conceived In Israel:http://www.breitbart.com/big-journalism/2015/11/17/breitbart-newsnetwork-born-in-the-usa-conceived-in-israel/ retrieved 26 July 2017

(87) How Donald Trump's New Campaign Chief Created an Online Haven for White Nationalists: http://www.motherjones.com/politics/2016/08/stephen-bannon-donald-trump-alt-right-breitbart-news/retrieved 28 July 2017

(88) https://en.wikipedia.org/wiki/Alt-right retrieved 30 September 2017

(89) How Sweden Became 'The Most Alt-Right' Country In

Sweden: https://www.thelocal.se/20170220/analysis-why-trumps-false-claims-are-badnews-for-sweden retrieved 29 July 2017

(72) World Values Survey: http://www.worldvaluessurvey.org/WVSContents.jsp retrieved 27 July 2017

(73) Chart recreated by author based on Inglehart and Welzel's original chart.

(74) Swedes tell Chinese: 'We are not Swiss': https://www.thelocal.se/20131101/swedes-tell-chinese-we-are-not-swiss retrieved 27 July 2017

(75) Data: https://www.migrationsverket.se/download/18.585fa5be158ee6bf362fd5/1485556063080/Application+for+asylum+received+2000-2016.pdf retrieved 28 July 2017

(76) Att ta emot manniskor pa flykt: http://www.regeringen.se/493c42/contentassets/e8c195d35dea4c05a1c952f9b0b45f38/att-ta-emot-manniskorpa-flykt-sou-201712-hela retrieved 28 July 2017

(77) Att ta emot manniskor pa flykt: http://www.regeringen.se/493c42/contentassets/e8c195d35dea4c05a1c952f9b0b45f38/att-ta-emot-manniskorpa-flykt-sou-201712-hela retrieved 28 July 2017

(78) 'Sverige ar en humanitar stormakt.'Utrikesdeklaration 2013 http://www.regeringen.se/49b753/contentassets/3f435e49030a4954a799aa5d8e044c9a/regeringensdeklaration-vid-2013-ars-utrikespolitiska-debatt-i-riksdagen-onsdagenden-13-februari-2013

(79) Interview with Radio Sweden 18 February 2015 http://sverigesradio.se/sida/artikel.aspx?programid=2054&artikel=6091340

(80) Sweden steps up push for EU refugee sharing: https://www.thelocal.se/20151104/sweden-steps-up-push-for-eu-refugee-

full-list retrieved 9 September 2017

(62) Global AgeWatch: http://www.helpage.org/global-agewatch/population-ageing-data/global-rankings-table/ retrieved 27 July 2017

(63) World Happiness Report 2017: http://worldhappiness.report/wpcontent/uploads/sites/2/2017/03/HR17.pdf retrieved 27 July 2017

(64) EF English Proficiency Index: http://media2.ef.com/__/~/media/centralefcom/epi/downloads/full-reports/v6/ef-epi-2016-english.pdf retrieved 27 July 2017

(65) Stockholm: the Unicorn Factory: https://www.ft.com/content/e3c15066-cd77-11e4-9144-00144feab7de retrieved 9 September 2017

(66) Foreign Aid: These countries are the most generous: https://www.weforum.org/agenda/2016/08/foreign-aid-these-countries-are-the-mostgenerous/retrieved 9 September 2017

(67) Data: https://data.oecd.org/oda/net-oda.htm#indicator-chart recovered 9 September 2017

(68) Why Sweden beats other countries at just about everything: https://www.weforum.org/agenda/2017/01/why-sweden-beats-most-othercountries-at-just-about-everything/ retrieved 11 September 2017

(69) 2017 Country ReptrakR – Most Reputable Countries: https://www.reputationinstitute.com/Resources/Registered/PDF-Resources/2017-Country-RepTrak-Most-Reputable-Countries.aspx retrieved 25 August 2017

(70) Country Brand Index 2014-2015: http://www.futurebrand.com/uploads/CBI2014-5.pdf retrieved 27 July 2017 GoodBad_inlaga.indd 136 2017-11-06 17:10 137

(71) Analysis: Why Trump's false claims are bad news for

(50) Sin & Sweden: https://content.time.com/time/magazine/article/0,9171,861357,00.html retrieved 26 July 2017
(51) Challenging the Swedish Social State: the case of Dwight David Eisenhower – Fredrick Hale, Swedish-American Historical Quarterly, 2003 (North Park University)
(52) 10 Swedish Myths Uncovered: https://sweden.se/culturetraditions/10-swedish-myths-uncovered/ retrieved 27 July 2017
(53) https://en.wikipedia.org/wiki/List_of_countries_by_suicide_rate retrieved 27 July 2017
(54) Challenging the Swedish Social State: the case of Dwight David Eisenhower – Fredrick Hale, Swedish-American Historical Quarterly, 2003 (North Park University)
(55) Data: https://tradingeconomics.com/sweden/government-spendingto-gdp retrieved 11 September 2017
(56) Forbes Best Countries for Business: https://www.forbes.com/places/sweden/ retrieved 27 July 2017
(57) European Innovation Scoreboard 2017: https://ec.europa.eu/growth/industry/innovation/facts-figures/scoreboards_en retrieved 27 July 2017
(58) Transparency International Corruption Perceptions Index 2016:https://www.transparency.org/news/feature/corruption_perceptions_index_2016 retrieved 27 July 2017 GoodBad_inlaga.indd 135 2017-11-06 17:10 136
(59) World Economic Forum Global Gender Gap Report 2016:http://reports.weforum.org/global-gender-gap-report-2016/economies/#economy=SWE retrieved 27 July 2017
(60) Henley & Partners Visa Rstrictions Index: http://visaindex.com/retrieved 27 July 2017
(61) https://www.usnews.com/news/best-countries/immigrants-

(40) What the US could learn from Sweden's refugee crisis: http://video.foxnews.com/v/5327830979001/ retrieved 11 September 2017

(41) Six claims and facts about Sweden: a closer look at Ami Horowitz' report: https://www.thelocal.se/20170220/sweden-facts-a-closer-look-atfilmmaker-ami-horowitz-claims retrieved 26 July 2017

(42) https://en.wikipedia.org/wiki/List_of_countries_by_intentional_homicide_rate retrieved 8 October 2017

(43) So… are they no-go zones? What you need to know about Sweden's vulnerable areas: https://www.thelocal.se/20170621/no-go-zones-whatyou-need-to-know-about-swedens-vulnerable-aeas / Police: There are no 'no-go zones' in Sweden: http://sverigesradio.se/sida/artikel.aspx?programid=2054&artikel=6630452 retrieved 26 July 2017

(44) Swedish police featured in Fox News segment: Filmmaker is a madman: http://www.dn.se/kultur-noje/nyheter/swedish-police-featuredin-fox-news-segment-filmmaker-is-a-madman/ retrieved 26 July 2017

(45) https://twitter.com/SwedeninUSA/status/833462568257732612 retrieved 24 September 2017
GoodBad_inlaga.indd 134 2017-11-06 17:10 135

(46) Data from Twitter, according to the embassy.

(47) 'Challenging the Swedish Social State: the case of Dwight David Eisenhower' - Fredrick Hale, Swedish-American Historical Quarterly, 2003 (North Park University)

(48) https://en.wikipedia.org/wiki/Sweden:_the_Middle_Way retrieved 26 July 2017

(49) Sweden: Still The Middle Way? Talk given by Per T Ohlsson: http://www.columbia.edu/cu/swedish/events/fall06/PTOChilds92806Web.doc retrieved 3 September 2017

independent.co.uk/news/world/europe/fire-and-fury-in-sweden-as-riotsspread-8632374.html retrieved 26 July 2017
(32) A blazing surprise: http://www.economist.com/news/europe/21578725-scandinavian-idyll-disrupted-arson-and-unrest-blazingsurprise retrieved 26 July 2017
(33) Swedish riots: if instability can happen here, what might unfold elsewhere?: http://www.guardian.co.uk/commentisfree/2013/may/27/swedish-riots-inequality-stockholm retrieved 26 July 2017
(34) Vaktbolag ratar Husby – upphandling forsenas: https://mitti.se/nyheter/vagar-vakta-husby/ retrieved 10 September 2017 GoodBad_inlaga.indd 133 2017-11-06 17:10 134
(35) Swedish Businesses Helpless as Security Firms Refuse to Work in No-Go Zone: http://www.breitbart.com/london/2017/08/28/swedishbusinesses-helpless-security-firms-refuse-work-no-go-zone/ retrieved 10 September 2017
(36) Meeting between Swedish and Norwegian ministers scrapped following 'no-go zone' claims: https://www.thelocal.no/20170829/meetingbetween-swedish-and-norwegian-ministers-scrapped-following-no-gozone-claims retrieved 10 September 2017
(37) Listhaug bekymret for Oslo, men avviser ≪ svenske tilstander ≫ : https://www.dn.no/nyheter/2017/08/30/1616/Politikk/listhaug-bekymret-for-oslomen-avviser-svenske-tilstander retrieved 10 September 2017
(38) https://twitter.com/carlbildt/status/833219648044855296 retrieved 11 September 2017
(39) 'Sweden, who would believe this?': Trump cites non-existent terror attack: https://www.theguardian.com/us-news/2017/feb/19/sweden-trumpcites-non-existent-terror-attack retreived 11 September 2017

in smoke:http://www.telegraph.co.uk/news/worldnews/europe/sweden/10080320/Stockholm-riots-leave-Swedens-dreams-of-perfectsociety-up-in-smoke.html retrieved 26 July 2017 GoodBad_inlaga.indd 132 2017-11-06 17:10 133

(23) Riots in Sweden: Fire in the people's home: https://www.ft.com/content/ddbcd180-c44c-11e2-bc94-00144feab7de retrieved 26 July 2017

(24) The Swedish riots: what really happened: http://www.newstatesman.com/economics/2013/06/swedish-riots-what-really-happened retrieved 26 July 2017

(25) https://en.wikipedia.org/wiki/2005_French_riots retrieved 26 July 2017

(26) https://en.wikipedia.org/wiki/2011_England_riots retrieved 26 July 2017

(27) Sweden in flames: As gangs of migrants riot for five nights running…the Utopian boats of a multicultural· success story turn to ashes: http://www.dailymail.co.uk/news/article-2330247/Sweden-flames-As-gangsmigrants-riot-nights-running--Utopian-boats-multicultural-successstory-turn-ashes.html retrieved 26 July 2017

(28) Riots Erupt in Sweden: the Nordic Welfare Myth?: http://www.cnbc.com/id/100757907 retrieved 26 July 2017

(29) Stockholm riots challenge image of happy, generous state: http://www.reuters.com/article/us-sweden-riots/stockholm-riots-challengeimage-of-happy-generous-state-idUSBRE94L1BW20130522 26 July 2017

(30) Stockholm is burning: why the Swedish riots bode ill for Europe:http://theweek.com/articles/463981/stockholm-burning-why-swedishriots-bode-ill-europe retrieved 26 July 2017

(31) Fire and fury in Sweden as riots spread: http://www.

Muslim Migrants?: https://www.infowars.com/sweden-bans-christmas-streetlights-to-avoid-offending-muslim-migrants/ retrieved 11 July 2017
(11) Sweden Bans Christmas Lights In Public To Avoid Angering Muslim Refugees?: https://milo.yiannopoulos.net/2016/10/sweden-banchristmas-lights/ retrieved 11 July 2017
(12) https://www.facebook.com/myiannopoulos/ retrieved 11 September 2017
(13) Sweden No Longer Celebrating Christmas: Bans Holiday For Fear Of Offending Muslim Migrants https://www.morningnewsusa.com/sweden-no-longer-celebrating-christmas-bans-holiday-fear-offendingmuslim-migrants-23116514.html retrieved 11 July 2017
(14) Lights Off!: http://www.snopes.com/sweden-bans-christmas-lights/retrieved 11 July 2017
(15) July 2017
(16) Polisen: tre doda i misstankt terrordad: https://www.svt.se/nyheter/lokalt/stockholm/uppgifter-fordon-pa-drottninggatan-personer-skadade retrieved 11 July 2017
(17) Stockholm man shot dead by police: https://www.thelocal.se/20130514/47872 retrieved 26 July 2017
(18) Youths burn 100 cars in north Stockholm riots: https://www.thelocal.se/20130520/48006 retrieved 26 July 2017
(19) Youths burn 100 cars in north Stockholm riots: https://www.thelocal.se/20130520/48006 retrieved 26 July 2017
(20) Thirty fires in third night of Stockholm riots: https://www.thelocal.se/20130522/48050 retrieved 26 July 2017
(21) https://en.wikipedia.org/wiki/2013_Stockholm_riots retrieved 26 July 2017
(22) Stockholm riots leave Sweden's dreams of perfect society up

参考文献・資料一覧

(Endnotes)

(1) OECD Pisa Results by Country: http://www.oecd.org/pisa/ retrieved 5 July 2017

(2) Why rightwingers are desperate for Sweden to fail: https://www.theguardian.com/commentisfree/2017/apr/14/rightwingers-sweden-failterrorists retrieved 10 September 2017

(3) https://en.wikipedia.org/wiki/Swedish_Air_Force retrieved 10 September 2017

(4) Den svenska atombomben: https://www.nyteknik.se/energi/densvenska-atombomben-6421374 retrieved 10 September 2017

(5) Swedish Armed Forces cuts troops and bases: https://www.thelocal.se/20100306/25378 retrieved 10 September 2017

(6) Sweden stations permanent troops on Baltic Sea island: https://www.thelocal.se/20160914/sweden-stations-permanent-troops-on-baltic-seaisland retrieved 10 September 2017

(7) Ingen julbelysning I smaorter till advent: https://www.svt.se/nyheter/lokalt/jonkoping/ingen-julbelysning-i-smaorter-till-advent retrieved 10 July 2017

(8) Sweden bans Christmas lights on state-owned poles: http://speisa.com/modules/articles/index.php/item.3272/sweden-bans-christmas-lightson-state-owned-poles.html retrieved 11 July 2017

(9) https://twitter.com/speisatweets retrieved 11 July 2017 GoodBad_inlaga.indd 131 2017-11-06 17:10 132

(10) Sweden Bans Christmas Street Lights; To Avoid Offending

訳者紹介

鈴木賢志（すずき・けんじ）

1968年、東京都生まれ。明治大学国際日本学部教授（学部長）。政治・国際研究博士（PhD）。

1992年に東京大学を卒業し、株式会社富士総合研究所（現みずほ情報総研）に勤務後、英国ロンドン大学に留学。その後、英国ウォーリック大学を経て、1997年から2007年までスウェーデン、ストックホルム商科大学欧州日本研究所で研究・教育に従事。2007年から2008年にかけて英国オックスフォード大学客員研究員を経て帰国し現職。

2015年より一般社団法人スウェーデン社会研究所の代表理事・所長に就任。近年は主として日本とスウェーデンを中心に、先進諸国の社会システムと人々の社会心理を比較研究している。著書に『日本の若者は希望をなぜ持てないのか』（2015年、草思社）がある。

良いスウェーデン、悪いスウェーデン

——ポスト真実の時代における国家ブランド戦争——　（検印廃止）

2019年８月10日　初版第１刷発行

訳者　鈴木賢志

発行者　武市一幸

発行所　株式会社　新評論

〒169-0051
東京都新宿区西早稲田３-16-28
http://www.shinhyoron.co.jp

電話　03(3202)7391
FAX　03(3202)5832
振替・00160-1-113487

落丁・乱丁はお取り替えします。
定価はカバーに表示してあります。

印刷　フォレスト
製本　中永製本所
装幀　山田英春

ISBN978-4-7948-1130-1